BARBARA RIEDEL

HERZSTÜCKE IM RHEIN-MAIN-GEBIET

BESONDERES ABSEITS DER BEKANNTEN WEGE **ENTDECKEN**

BRUCKMANN

LIEBE LESERIN, LIEBER LESER,

Möglicherweise sind Sie bereits so verliebt ins Rhein-Main-Gebiet wie ich. Mit seiner Vielfalt überrascht es jeden Tag aufs Neue, solange man weiß, wo es hinzuschauen gilt. Die Wälder und Hügel von Taunus und Odenwald. Die Weinberge von Rheingau und Rheinhessen. Die Auen von Rhein, Main, Lahn und Co. Entdecken Sie zwischen dem Bekannten die unbekannten Schätze. Hätten Sie hier zum Beispiel einen buddhistischen Tempel erwartet? Oder die Wiege der Geschichten rund um Frankensteins Monster vermutet? Erfreuen Sie sich an 100 Herzstücken und erleben Sie das Rhein-Main-Gebiet in all seinen Facetten. Ich wünsche Ihnen viel Freude beim Erkunden, Erleben und Erfahren.

Ihre Barbara Riedel

Barbara Riedel

IMMER EINE SÜNDE WERT!

MEINE LIEBLINGSADRESSEN ZUM ESSEN, TRINKEN UND EINKAUFEN

01 MIT KLOSTERBIER ÜBER DEM MAINTAL

Wer zum Franziskanerkloster Engelberg möchte, muss nicht weniger als 612 Treppenstufen, genannt Engelsstaffeln, überwinden. Bereits um das Jahr 1300 fanden die ersten Wallfahrer ihren Weg hierher. Und noch heute steht das Kloster als Etappenziel auf dem Weg zum Wallfahrtsort Walldürn auf der Liste von Pilgern.

Es ist bereits von Weitem sichtbar, ist es doch auf einer Anhöhe erbaut worden. Das Kloster Engelberg thront seit dem 17. Jahrhundert hoch über dem Main. Bis dahin stand an dieser Stelle nichts weiter als eine Kapelle aus Holz, in der zunächst nur der Erzengel Michael, später aber auch die Jungfrau Maria verehrt wurde. Auch wenn das Franziskanerkloster weiterhin als Pilgerort bekannt ist, lohnt sich der Weg, selbst wenn Sie nicht im Zeichen der Jakobsmuschel unterwegs sind, sondern einfach nur genießen möchten: Haben Sie schon einmal das Klosterbier probiert? Sein Brauwasser stammt aus der Klosterquelle des Kreuzberger Klosters in der Rhön. Oder kosten Sie das Klosterbrot aus eigener Herstellung mit dem originalen Engelberger Klosterkäse. All das können Sie entweder in der Klosterschänke oder im Biergarten mit anderen lokalen Spezialitäten bekommen. Der gemütliche Biergarten befindet sich im Innenhof des 1630 erbauten Klosters. Sollte es Ihnen gemundet haben, können Sie das Brot gleich im Klosterladen erwerben und sich auch zu Hause daran erfreuen. Dieser wurde pünktlich zum 600-jährigen Jubiläum im Jahr 2006 eingerichtet. Das Klosterbrot ist einmalig im Geschmack, da es mit ganzen Gewürzen und natürlich täglich frisch gebacken wird – aber nur erhältlich, solange der Vorrat reicht! Wer am Vortag reserviert, ist daher klar im Vorteil. Außerdem können Sie neben dem Klosterbrot auch Engelberger Dosenwurst, Weihrauch, Rosenkränze, Kreuze und vieles mehr erstehen.

> Unterhalb des Klosters verläuft der Fränkische Rotwein Wanderweg mit einem herrlichen Panoramaweg durch die Reben am Steilhang über dem Maintal.

Kloster Engelberg · Di–Sa 11–19, So, feiertags 10–18 Uhr · Kloster Engelberg 1 · 63920 Großheubach · www.kloster-engelberg.com · Haltestelle: Großheubach, Südkreisel

02 WIE EINST BEI OMA UND OPA

Sozial. Lokal. Mit Herz. Damit wirbt das Café Heimelig, das viel mehr ist als nur ein normales Café. Es ist mehr eine Art Wohnzimmerersatz mitten im Frankfurter Stadtteil Bockenheim mit einem einzigartigen Konzept, das Jung und Alt verbinden soll.

»Wie schön, dass du da bist!« So werden Sie bereits von der Fußmatte am Eingang des Café Heimelig begrüßt. Rechts erwartet Sie eine Couch mit Kissen zum Gemütlichmachen, links die Theke. Das Brummen und Gluckern der Kaffeemaschine erfüllt den Raum. Ob tierische oder vegane Milch in Ihr Getränk kommt, entscheiden Sie. Farbenfrohe Obst- und Streuselkuchen lassen das Wasser im Mund zusammenlaufen. »Kein Kuchen ist auch keine Lösung«, lässt ein Schild auf dem Kühlschrank verlauten. Über eine Treppe geht es ins

Parterre zum eigentlichen Caféraum. Rustikal und doch gemütlich ist das Café Heimelig eingerichtet. Denn hier ist der Name Programm. Tische und Regale aus Holz, ein Kronleuchter an der Decke und eine Stehlampe in der Ecke lassen den Raum warm und freundlich wirken. Auf den Tischen stehen alte Zuckerdosen aus Porzellan mit kleinen eleganten Löffelchen. Gerahmte Bilder und Rezepte zieren die Wände, und Antiquitäten als Deko zeigen die Liebe zum Detail, die Besitzerin Tina in ihr Café steckt, mit dem sie sich einen lange gehegten Traum erfüllt hat. Frischer Kaffee, gutes Frühstück, und hinter allem steht der Gedanke der Nachhaltigkeit sowie frischer Lebensmittel. In der Backstube zeigen außerdem waschechte Omas und Opas ihr Können. Denn wo schmeckt es besser als bei den Großeltern, die all ihre Liebe und ihr Herzblut in Teig und Co. stecken? Und das ist auch das – im wahrsten Sinne des Wortes – Erfolgsrezept des Café Heimelig mit seinem sozialen und ökologischen Konzept, das Generationen vereinen soll. Mit ganz viel Herz möchte Tina ein Bewusstsein schaffen, dass das in den Mittelpunkt stellen soll, was wirklich zählt: die Gemeinschaft.

Café Heimelig · Mi–So 10–18 Uhr · Diemelstr. 9 · 60486 Frankfurt · www.heimelig-frankfurt.com · Haltstelle: U Frankfurt (Main) Kirchplatz

03 HIER KANN MAN DIE SCHÄFCHEN ZÄHLEN!

Rund 30 Kilometer nordöstlich von Frankfurt wartet ein Selbstbedienungsladen der anderen Art auf Kunden. Das Hofgut Kapellenhof ist nämlich eine Schafskäserei, in der die Milch der Schafsherde mit Liebe und in Handarbeit vor Ort verarbeitet wird. Die Endprodukte können Sie rund um die Uhr erwerben.

Artgerechte Tierhaltung hat hier höchste Priorität. Und davon können Sie sich sogar ganz einfach selbst überzeugen. Das Hofgut Kapellenhof steht jederzeit offen, sodass Sie nicht nur Schafskäse und Co. bekommen, sondern auch die Schafe und Lämmer begutachten können. Direkt an der »Regionalparkroute Hohe Straße« gelegen, einem Fahrradweg, der sich an einem alten Handelsweg orientiert, können Sie sogar bequem von Frankfurt aus hierher radeln. Die blökenden Vierbeiner dürfen selbst entscheiden, ob sie lieber im großzügigen Außenstall auf der saftigen Wiese grasen oder es sich im Stall gemütlich machen, wo sie vor der Sonne geschützt sind und es sich im frischen Heu bequem machen können. Wer sich satt gesehen hat – kann man von Lämmern überhaupt jemals genug bekommen? –, kann im Selbstbedienungsladen shoppen gehen. Der Raum ist rund um die Uhr geöffnet, und über eine Kasse können Sie ganz einfach auf Vertrauensbasis bezahlen. Wechselgeld liegt in selbiger bereit. Und so können Sie ganz in Ruhe schauen, ob Sie neben den Schafsprodukten wie Käse, Milch oder Eis auch etwas anderes benötigen. In der Schafskäserei verzichtet man auf Zusatzstoffe und legt großen Wert auf natürliche Produkte. Da die Verarbeitung schonend geschieht, bleibt der ursprüngliche Charakter von Schafmilch erhalten, jedoch ohne den dominanten Geschmack nach Schaf zu haben. In der Tiefkühltruhe finden Sie auch frisches Lammfleisch. Oder soll es doch lieber ein anderes nachhaltiges Produkt wie Bienenwachstücher, Dinkel-Spaghetti oder regionales Olivenöl sein? Auch kleine Kuscheltiere, Schafe aus Schafwolle, stehen im Regal. Hier finden Sie alles, was ein guter Hofladen führen sollte!

Hofgut Kapellenhof · Rund um die Uhr geöffnet · Auf dem alten Hof 1 · 63546 Hammersbach · www.hofgut-kapellenhof.de · Haltestelle: Hammersbach-Marköbel-Hirzbach

Bio
aus
HESSEN

04 EIN WIENER KAFFEEHAUS IM TAUNUS

Mehr als 100 Jahre Tradition erwarten Sie in der Konditorei Kreiner, dessen Café im Stil eines Wiener Kaffeehauses gehalten ist. Freuen Sie sich auf leckere Kuchen, Torten und Schokolade, die mit viel Liebe und traditionell in Handarbeit entstehen.

»Ende Februar riecht es hier mehrere Wochen lang unvorstellbar zitronig.« Paul Kiefer erzählt stolz davon, wieso die Kuchen und Torten der Konditorei Kreiner so beliebt sind, dass sie sogar vom Ausland aus bestellt werden. Denn wer einmal eine Torte aus dem Café Kreiner probiert hat, möchte immer wieder in den Genuss kommen. Das Geheimnis ist ganz leicht: Alles ist Handarbeit. Im Februar finden direkt nach der ersten Ernte – es gibt mehrere Ernten im Jahr, aber die Zitronen der ersten schmecken am intensivsten – mehrere Ton-

nen sizilianischer Zitronen ihren Weg in die Fußgängerzone von Königstein. Es dauert einige Wochen, bis die Berge an Zitrusfrüchten per Hand ausgepresst worden sind und so viel von dem goldenen Saft eingefroren werden kann, dass er bis zum nächsten Februar ausreicht. In der Zeit riecht das gesamte Café herrlich frisch und fruchtig. Dieser Zitronensaft bildet die Grundlage für zahlreiche Rezepte, aber allen voran des Zitronencreme-Marzipan-Kuchens, dem wohl beliebtesten Produkt des Hauses. Ob einfach so zum Kaffee oder gar als Hochzeitstorte … Der ehrliche Geschmack der Sonne des Südens überzeugt den Gaumen. Das Rezept ist kein Geheimnis. Jedoch machen sich die Wenigsten die Mühe, ausschließlich selbst gepressten Zitronensaft zu verwenden. So schmeckt der Zitronencreme-Marzipan-Kuchen hier besonders gut. Schon seit 1905 zaubert das Café Kreiner mit seinen Tortenkreationen ein Lächeln auf die Lippen seiner Gäste. Seit den 1990er-Jahren ist es von der Familie Kiefer gepachtet, die schon seit über einem halben Jahrhundert die gleiche Leidenschaft für Süßes an den Tag legt und mittlerweile in der zweiten Generation Kuchenträume wahr werden lässt.

Konditorei & Café Kreiner · Mi–Sa 9.30–17 Uhr · Hauptstr. 10 · 61462 Königstein · www.cafe-kreiner.de · Haltestelle: Königstein (Taunus) Stadtmitte

Blumen

Wein.
Gut.
FRANKEN

05 BLUMEN MIT FREUNDLICHEN GRÜSSEN

Mitbringsel. Floristik. Grußkarten. Dafür steht M.F.G. Daniela, ein kleiner Blumenladen im kleinstädtischen Brückenviertel der hessischen Metropole Frankfurt. Bereits seit mehr als 50 Jahren werden in diesem kleinen Lädchen Blumenträume wahr, doch die langjährige Besitzerin hat aus Altersgründen aufgegeben. Seit 2016 ist nun die Floristin Daniela Sopcic Inhaberin und somit diejenige, die die Träume erfüllen will. Dabei bringt sie ihren ganz eigenen Stil mit: Trockenblumen heißt ihr Geheimrezept. Als Strauß, als Kranz in Form des Peace-Symbols oder kreativ in einer Eiswaffel – Blumen werden hier als ein Kunstwerk verkauft, das jede Wohnung verschönert und auch als Wandschmuck dienen kann. Wenn Sie also etwas Besonderes suchen – als Deko oder Geschenk – sind Sie bei M.F.G. Daniela genau richtig!

M.F.G. Daniela · Mo–Fr 9.30–18.30, Sa 10–16 Uhr · Brückenstr. 36 · 60594 Frankfurt · www.mfg-daniela.de · Haltstelle: U Dom/Römer

06 TRADITIONELL HÖFLICH GUTER WEIN

Bereits seit 1928 und in der vierten Generation baut die Familie Höflich Wein im churfränkischen Großostheim an. Schon die Römer hatten erkannt, dass sich das hiesige Klima und die Lage hervorragend für den Weinbau eignen. Diese Tradition hält sich bis heute und hat Churfranken zu einer beliebten Weinregion gemacht, die mit dem Motto »Genießen, wo große Weine wachsen« wirbt. Nicht umsonst gibt es den 80 Kilometer langen Fränkischen Rotwein-Wanderweg, der durch die verschiedenen Winzergemeinden und Weinberge führt. Kurz vor Ende der ersten Etappe wartet das Weingut Höflich, dem es gelungen ist, Tradition und Moderne geschickt zu verbinden. Und so können Sie inmitten der Weinberge den beliebten Traubensaft und dazu lokale Spezialitäten genießen.

Weingut Höflich · Mo, Di, Fr 13–18, Mi, Sa 9–12 Uhr · Haarstallweg 49 · 63762 Großostheim · www.weingut-hoeflich.de · Haltestelle: Großostheim, Marktplatz

07 MIT GUTEM GEWISSEN SCHLEMMEN

Frisch schmeckt es einfach am besten. Das ist das Motto auf dem Wacholderhof, einem idyllischen Anwesen mitten im Rheingau bei Eltville. Entspannen Sie im Garten, genießen Sie einen leckeren Kuchen oder ernten Sie einfach Ihr eigenes Essen.

Der Wacholderhof steht für Bauernhofidylle zum Miterleben. In einem gut sortierten Hofladen, der hier liebevoll Eierhaus genannt wird, sind regionale Köstlichkeiten auf Vertrauensbasis im Angebot. Die rund 150 Eier – manchmal gibt es sogar Wachteleier – sind oft schon am frühen Mittag vergriffen. Zudem finden Sie hier Fleisch, Brot, Nudeln und andere regionale Lebensmittel. Das Eierhaus ist sogar 24 Stunden am Tag geöffnet. Bezahlt wird ganz old school in bar. Wechselgeld können Sie sich entweder aus der Kasse nehmen oder Sie müssen sich mit den anderen Besuchern absprechen. So wird der Einkauf gleich zu einem Erlebnis sowie einem Ort der Begegnung zwischen Menschen, die Wert auf Regionalität und Nachhaltigkeit legen. Direkt nebenan befindet sich das Land Café. Gekocht wird mit eigenen oder regionalen Produkten aus der Saison – frisch vom Feld auf den Teller – egal ob Erdbeeren im ausgehenden Frühling, Mais im Hochsommer oder Kürbis im Herbst. Einfach an der Theke bestellen und es sich dann im Hofgarten gemütlich machen. Wem das noch nicht genug ist, der kann auf dem Wacholderhof sogar selbst zur Ernte schreiten. Im Herbst bietet die Familie Witt eine sogenannte Erlebnisernte. Mit Schaufel und Korb bewaffnet, können Sie hier selbst Hand an Ihre Kartoffeln anlegen, die später im heimischen Topf landen sollen. Auch Kürbisse können Sie sich selbst schneiden. Zur Auswahl stehen unter anderem die beliebten Hokkaido-, die seltenen Spaghetti- oder die riesigen Halloween-Kürbisse. Den ein oder anderen Rezepttipp gibt es obendrauf. So können Sie auf dem Wacholderhof Ihren Kühlschrank und Magen füllen. Aber auch eine Portion Glücksgefühl ist sicher dabei, wenn Sie mit dem selbst geernteten Gemüse Ihren Heimweg antreten.

Wacholderhof · Sa 12–20, So, feiertags 12–18 Uhr, Eierhaus rund um die Uhr geöffnet · Wacholderhof 1 · 65346 Eltville · www.landcafe-wacholderhof.com · Haltestelle: Eltville (Rhein)-Erbach Eichberg Osttor

Weingut
Secco Rosé 7,50
Blanc de Noir 7,50
Riesling trocken 8,50
Riesling Classic 8,50,-
Goldmuskateller 10,90
HANS BAUSCH
MARTIN
LAND KARTOFFEL CHIPS
Kartoffel-chips 2,50

IN DEUTSCHLANDS ÄLTESTEM GASTHAUS

08

Mit Kaiser Barbarossa, König Ludwig der Bayer, Kaiserin Maria Theresia, Wallenstein und Elvis Presley waren während der letzten acht Jahrhunderte so einige gekrönte Häupter und namhafte Personen in der Fürstenherberge Zum Riesen in Miltenberg zu Gast. Sie befinden sich hier also in bester Gesellschaft.

Zum ersten Mal wurde das Gasthaus Zum Riesen mit seinem Wirt Conrad Trestram im Jahr 1158 erwähnt. Damals stand an dieser Stelle noch ein gotischer Bau, den der besagte Wirt wohl errichtet hatte. Das Haus wurde 1590 durch einen Renaissancebau ersetzt, in dem gotische Reste des Vorgängerbaus erhalten blieben. Seitdem steht in Miltenberg zwischen Hauptstraße und Riesengasse das beeindruckende Fachwerkhaus, das noch heute alle Blicke auf sich zieht. Im 19. Jahrhundert hatte das Wirtshaus zudem das Braurecht, wovon der Brauerstern über dem Eingang zeugt. Bei Renovierungen wurde stets Wert auf die Erhaltung des historischen Kerns gelegt. Mittlerweile hat das Miltenberger Brauhaus Faust, das 1654 gegründet wurde, das unter Denkmalschutz stehende Gebäude gepachtet. Sie können in diesen historischen Mauern also nicht nur Ihren Gaumen verwöhnen und nächtigen wie Fürsten der Renaissance, sondern sich auch durch die verschiedenen Bierspezialitäten und Craftbiere der lokalen Brauerei probieren. So steht hinter dem Gasthof mit Geschichte heute eine Brauerei mit Tradition. Sie können sich gleichzeitig auf gute fränkische Küche freuen: Von der fränkischen Bratwurst über das Kochkäs' Schnitzel und bayerischem Schweinebraten bis hin zu original Miltenberger Rossäpfeln können Sie sich jeden fränkischen Gaumenschmaus gönnen. Und wenn Sie nach dem Essen erleben möchten, was es mit der Kunst des Bierbrauens auf sich hat, steht es Ihnen frei, eine Erlebnisführung in der Brauerei Faust mitzumachen.

Bei einem Verdauungsspaziergang zur Mildenburg können Sie nicht nur so einiges über die Stadt lernen, sondern auch den tollen Ausblick genießen!

Zum Riesen Miltenberg · Mo, Do, So 11–22, Fr, Sa 11–23 Uhr, Di, Mi Ruhetag · Hauptstr. 99 · 63897 Miltenberg · www.riesen-miltenberg.de · Haltestelle: S Miltenberg Bahnhof

HERZLICH
WILLKOMMEN

Wurzelpetersilie
Rote Bete
Knollensellerie
Zuckermais
Schalotten

HANDWERK UND GENUSS HAND IN HAND

09

Über 80 verschiedene Gemüsearten sowie Kern- und Steinobst werden auf den 157 000 Quadratmeter großen landwirtschaftlichen Flächen der Domäne Mechtilshausen angebaut. Zudem werden hier mehr als 250 Kühe, rund 3000 Hühner, 1000 Gänse, 800 Enten und 20 Pferde gehalten. Sie bilden die Grundlage für Hofmarkt & Co.

Auf dem historischen Hof Domäne Mechtilshausen warten gleich mehrere Hofläden. Um einen mit Blumen dekorierten, weitläufigen Innenhof herum stehen restaurierte Gebäude. In einem davon, der Markthalle, wird ein großes Sortiment an Naturkostprodukten, die in geräumigen Holz- und alten Bauernschränken stehen, angeboten. Obst und Gemüse aus der eigenen Bioproduktion ergänzen das Angebot und finden sich in mehreren Auslagen in der Mitte der großen Halle. Von Kartoffeln über Naturkosmetik bis hin zu Weinen finden Sie hier ein reiches Sortiment für den Einkaufswagen, der hier jedoch ein Bollerwagen ist. So macht der Einkauf auch dem Nachwuchs Spaß! In der Metzgerei gibt es Biofleisch und Wurst aus eigener Herstellung und in der Bäckerei Kuchen und Torten aus der hofeigenen Konditorei. Wenn Sie direkt vor Ort Ihren Gaumen verwöhnen möchten, können Sie das in der Hofküche Mechtild oder in einem der beiden Cafés – Bohne und Mechtild – tun. Dort dürfen Sie sich auch nach dem Einkauf eine kurze Pause gönnen. Aber die Domäne Mechtilshausen zeichnet sich nicht nur dadurch aus, dass Sie hier lokale und nachhaltige Bioprodukte genießen und erwerben können. Auch der soziale Hintergedanke ist unterstützenswert. Denn das Gelände, das der Stadt Wiesbaden gehört, wird von der Wiesbadener Jugendwerkstatt gepachtet. Sie verwandelte die gesamte Domäne, deren Felder bereits zur Zeit der Karolinger bewirtschaftet wurden, in ein landwirtschaftliches Sozialprojekt. Benachteiligte Jugendliche sollen ausgebildet und Langzeitarbeitslose zurück ins Berufsleben geführt werden. So werden hier heute rund 500 Jugendliche in ganz unterschiedlichen Berufen ausgebildet.

Domäne Mechtilshausen · Di–Fr 9–19, Sa 8–16 Uhr · Mechtilshausen 1 · 65205 Wiesbaden-Erbenheim · www.mechtilshausen.de · Haltestelle: Bus Wiesbaden Delkenheim Domäne Mechtilshausen

10 VOLL VERÄPPELT IM STREUOBSTZENTRUM!

Die Apfelkultur ist aus der regionalen Identität der Hessen nicht wegzudenken. Deswegen möchte das MainÄppelHaus Lohrberg als gemeinnützige Organisation und Streuobstzentrum mit Hofladen mitten auf dem Hausberg Frankfurts als Informations- und Begegnungsstätte zum Thema Streuobst dienen.

Ob Süßer, Apfelsaft oder Äppler … Gekelterter Apfel ist im Rhein-Main-Gebiet und über seine Grenzen hinaus äußerst beliebt. Wer das gelbe Nass nicht nur trinken, sondern auch ein bisschen besser kennenlernen und etwas über seine Hintergründe erfahren möchte, ist auf dem Lohrberg genau richtig. Im MainÄppelHaus können Sie nämlich so allerlei Wissenswertes über den Apfel lernen. Hier wachsen mehr als 70 verschiedene Sorten, die Sie auf der Streuobstwiese bestaunen dürfen. Auf Tafeln am Wegesrand gibt es Infos rund um die Paradiesfrucht. Im Hofladen können Sie das Obst auch gleich saisonabhängig kaufen. Die eine Sorte eignet sich zum Backen, die andere zum Kochen und die nächste zum Saftpressen. Um mehr über den einzigartigen Geschmack einer Sorte und der damit verbundenen Verwendung zu erfahren, stehen ehrenamtliche Mitarbeiter bereit, die Sie gerne beraten. Daneben gibt es im Hofladen auch andere Früchte – je nach Saison – sowie all das Schöne und Gute, das aus ihnen zubereitet werden kann. Freuen Sie sich über Marmeladen und Aufstriche, Schokolade, Obstbrände sowie andere Geschenkideen und Mitbringsel. Wenn Sie den Hofladen ob der Leckereien mit knurrendem Magen verlassen, gibt es gute Nachrichten: Im Äppel-Bistro direkt gegenüber können Sie mit Spezialitäten der Frankfurter Küche Ihren Gaumen verwöhnen und natürlich auch selbst gekelterten Apfelsaft oder Äppelwoi trinken. Zudem verfügt das MainÄppelHaus über eine mobile Kelterei. Dort lässt sich das eigene Obst keltern und abfüllen. So muss kein Streuobst ungenutzt bleiben.

Am schönsten ist es hier, wenn im Frühling die Apfelbäume blühen und wenn im Herbst der Weinberg gold-gelb erstrahlt!

MainÄppelHaus · Öffnungszeiten laut Website · Klingenweg 90 · 60389 Frankfurt/Seckbach · www.mainaeppelhauslohrberg.de · Haltestelle: Bus Budge-Heim/Lohrberg

11 IM GENUSSLAND DIREKT IN BÜRGSTADT

Hochwertige Weine und herzhafte regionale Spezialitäten ... Wie kann man genussvoller in den Feierabend starten? In der Churfrankenvinothek im Herzen von Bürgstadt direkt neben dem historischen Alten Rathaus geht das auf ganz wunderbare Weise.

Zerklüftete Buntsandsteinböden und Steillagen charakterisieren die Landschaft zwischen Odenwald und Spessart, die vom Main geteilt wird. Die Region ist auch bekannt als Churfranken – ein Kunstname, der vom gleichnamigen Verein erfunden wurde, um die Region nach außen besser vorstellen zu können. Die Bezeichnung soll auf die Zugehörigkeit des Gebiets zum Kurfürstentum Mainz hinweisen, die viele Jahrhunderte bestand und auch heute noch in vielen Stadtwappen mit dem Mainzer Rad sichtbar ist. Besagter Boden, Lage

sowie Mikroklima liefern die beste Voraussetzung für den Weinbau. Das erkannten bereits die Römer und pflanzten hier Trauben. So ist es nicht verwunderlich, dass der beliebte Rebensaft aus dieser Gegend heute weltweite Anerkennung genießt und sogar ein eigener 79 Kilometer langer Wanderweg eingerichtet wurde, der auf sechs Etappen durch prächtige Weinberge und idyllische Winzerdörfer führt. Wenn auch Sie Spätburgunder, Silvaner und Co. dieser Region verkosten möchten, bietet sich ein Besuch der Churfrankenvinothek an. Hier können Sie sich durch die verschiedenen Weine der lokalen Winzer probieren und Ihren Lieblingswein am Ende gleich mitnehmen. Die Vinothek ist nämlich gleichzeitig Bistro und Weinfachgeschäft. Sie finden daher Weine vieler Winzer, sowohl aus Bürgstadt selbst als auch aus Churfranken allgemein. Diese werden elegant präsentiert und verkostet. Dazu gibt es lokale Spezialitäten, die Sie in entspannter Atmosphäre genießen können.

Ziehen Sie vor oder nach Ihrem Besuch in der Vinothek eine Wanderung durch die Weinberge Bürgstadts in Betracht. Herrliche Aussichten inklusive!

Churfrankenvinothek Bürgstadt · Di–Fr 14–22, Sa 12–22, So 12–21 Uhr · Hauptstr. 2 · 63927 Bürgstadt · www.churfrankenvinothek.de · Haltestelle: Bürgstadt, Hauptstraße

12 LANDLIEBE MIT KULTUR UND GAUMENFREUDE

Unter der über 20 Meter hohen Hoflinde sitzen Sie am Gimbacher Hof in den Sommermonaten gemütlich im Schatten. Auf der einen Seite lässt sich das mittelalterliche Hofgut bestaunen, auf der anderen erhebt sich der Staufen – Kelkheims Hausberg.

Auf über 500 Jahre Geschichte blickt der Hof Gimbach zurück, der von Kelkheimern auch liebevoll schlicht »Gimbi« genannt wird. In der Nachbarschaft des Hofes stand von 1709 bis 1830 eine Kapelle – die Wallfahrtskapelle St. Johannes. Diese trug dazu bei, dass das Anwesen zum Ziel für Pilger wurde, und es erhielt 1731 das Ausschankrecht, um die trockenen Kehlen der Weitgereisten mit kühlem Nass versorgen zu können. Die Kapelle ist nicht mehr erhalten, aber der Gimbi als Pilgerziel blieb. Heute kommen jedoch vor allem all jene, die ein paar Stunden an einem Ort genießen möchten, an dem die Uhren etwas langsamer ticken. Der Apfelwein wird aus Äpfeln vom Hof selbst gekeltert, die alten Holzfässer stehen in den Gewölbekellern. Der Kuchen mit saisonalen Zutaten ist selbst gebacken. Ob Tafelspitz mit grüner Soße, Handkäs oder doch etwas aus der hofeigenen Konditorei … Die Küche ist in erster Linie regional und vor allem eins: lecker! Die Kinder können sich am Tiergehege an Ziegen und Hühnern erfreuen oder gar eine Runde Ponyreiten. So dürfen sich die Erwachsenen getrost zurücklehnen und die schöne Landschaft und das gute hessische Essen am Fuße des Staufen genießen. Wer Apfelsaft, Äppler oder auch Honig, Gelee oder Kuchen und Torten für sich oder als Geschenk mit nach Hause nehmen möchte, gibt einfach an der Theke Bescheid. Und falls es draußen mal nicht so schön oder schlicht zu kalt sein sollte, finden in der gemütlichen Wirtschaft und dem Kaminzimmer 60 Gäste Platz. Auf diese Weise ist der Gimbi das ganze Jahr über ein Ausflugsziel für die gesamte Familie.

Am Gimbi startet der rund 40 km lange Schinderhannessteig, dessen erste Etappe Sie zum Kaisertempel und nach Eppstein führt. Eine lohnenswerte Wanderung!

Gimbacher Hof · Täglich 12–22 Uhr · Gimbacher Weg · 65779 Kelkheim · www.hof-gimbach.de · Haltestelle: Kelkheim Mitte

Hof Gimbach

WHITE PEARL
MOËT & CHANDON

BEACH-FEELING MITTEN IN DER CITY

13

Mitten in Frankfurt einfach die Füße in den Sand graben und mit einem Cocktail in der Hand den Tag ausklingen lassen? Was nach einem verführerischen Traum klingt, wird im Citybeach Realität. Neben zwei Badepools warten Liegestühle, Couches und gemütliche Sitzecken darauf, Ihnen den Feierabend zu versüßen.

Palmen, Sand und Wasser … Für wen ist das nicht der Inbegriff von Urlaub? Wenn Sie aber dachten, dafür in den Flieger steigen zu müssen, haben Sie sich getäuscht. In Frankfurt können Sie das ganz einfach im Herzen der Stadt erleben. Nämlich im Citybeach auf dem Dach des Parkhauses der Konstablerwache. Im Liegestuhl mit den Füßen im Sand oder am Rand des Pools mit den baumelnden Beinen im Wasser kommt garantiert Summerfeeling auf! An der Bar gibt es neben hausgemachtem Eistee, Softdrinks, Bier, den in Frankfurt obligatorischen Äppler, Kaffee – im Sommer auch als erfrischender Caffè Freddo –, Longdrinks und Cocktails. Mit dem kühlen Getränk in der Hand, Sonnenbrille auf der Nase und blauem Himmel klappt es auch mit dem sommerlichen Selfie. Nur die atemberaubende Skyline im Hintergrund verrät, dass Sie das Foto nicht an einem Hotelpool im Süden geschossen haben. Auch für den Hunger ist gesorgt. Es gibt Pommes, Bratwurst, Salate, verschiedene Tapas und Burger – mit Fleisch und als vegetarische oder sogar vegane Option. Wer eine Abkühlung braucht, springt einfach ins Wasser. Alternativ steht Eis auf der Karte. Unter der Woche kommen Sie bis 17 Uhr kostenfrei rein. Danach und am Wochenende sowie an Feiertagen beträgt der Eintritt 5 Euro. Jedoch hat leider auch der längste und schönste Sommer irgendwann ein Ende. Hier hört aber zumindest die Gaudi nicht auf. Denn ab Oktober wird der Citybeach zur Cityalm, und statt Eistee und Cocktails gibt es heiße Schokolade und Glühwein. Und zur Adventszeit findet hier sogar ein kleiner Weihnachtsmarkt statt. Der Weg aufs Parkhaus der Konstablerwache lohnt sich also zu jeder Jahreszeit.

Citybeach Frankfurt · Bei gutem Wetter Mo–Fr 16–22, Sa 14–23, So 14–22 Uhr · Parkhaus Konstablerwache · Carl-Theodor-Reiffenstein-Platz 5 · 60313 Frankfurt · www.citybeach-frankfurt.de · Haltestelle: S Konstablerwache

#innablume-vintage

Love Story
ERICH

VINTAGE-SCHÄTZE AUS ZWEITER HAND

14

Was einst als Onlineshop gedacht war, ist heute ein erfolgreiches Ladenkonzept. Janablume Vintage soll ein Ort der Begegnung sein, in dem sich Frauen wohlfühlen und wo sich die bezahlbaren Fairtrade-Vintage-Schätze in Ruhe durchstöbern lassen.

Die einen würden es vielleicht als altmodisch bezeichnen, die anderen jedoch als klassisch. Im Endeffekt ist mit der Stilrichtung Vintage, die sich zu Beginn des 21. Jahrhunderts herausgebildet hatte, aber schlicht gemeint, dass die Mode und die Designstücke zwischen 30 und 100 Jahre alt sind. Jedes einzelne Objekt von Janablume Vintage hat seine eigene Geschichte und stellt ein ausgewähltes Einzelstück dar. Und wenn Sie vor Ort vorbeischauen, erfahren Sie durchaus auch die entsprechende Hintergrund-Story zu all jenen Dingen, die Sie mit in die Umkleidekabine nehmen und anprobieren. Die Kleidung wird mit Biowaschmittel und meist sogar per Hand gewaschen, bevor sie ihren Weg in das Ladengeschäft in der Mainzer Altstadt in unmittelbarer Nähe zum Dom findet. Ob Leder, Wolle oder Seide, Kleidung, Schmuck oder Schuhe … Hier könnten Sie Ihr neues Lieblingsstück in Händen halten bzw. am Körper tragen. Der Laden selbst spiegelt genau das wider, wofür Vintage und damit Janablume steht. Neben der Vintage-Kleidung sind nämlich auch die Designelemente wie zum Beispiel das Telefon mit Wählscheibe gezielt gewählt. Abgesehen von den coolen Vintage-Sachen unterstützt Jana aber auch ganz allgemein in Modefragen. Können Sie sich eine Styling-Beratung bei Ihnen direkt zu Hause vorstellen? Kein Problem! Die Wahl-Mainzerin kommt gerne vorbei und wirft gemeinsam mit Ihnen einen Blick in Ihren Kleiderschrank. In der persönlichen Wohlfühlatmosphäre hilft sie Ihnen, Ihren eigenen Stil zu vervollkommnen. Alternativ geht Jana sogar mit Ihnen shoppen, um Ihren Kleiderschrank um tolle neue Sachen zu erweitern.

> Gehen Sie nach dem Shopping runter ans Mainufer – es ist nur wenige 100 Meter vom Laden entfernt und herrlich zum Flanieren.

Janablume Vintage · Di, Fr 11–18, Sa 10–15 Uhr · Fischertorstr. 4–8 · 55116 Mainz · www.janablumevintage.com · Haltestelle: Mainz, Fischtor

15 DIE ATEMBERAUBENDE WELT DER GEWÜRZE

Ingo Holland war ein bekannter Sternekoch. Parallel zu seinem Dasein als Koch eröffnete er jedoch im Jahr 2001 eine kleine Manufaktur: das Alte Gewürzamt in Klingenberg am Main. Hier können Sie ganz in Ruhe stöbern, Ihre Gewürzvorräte auffüllen und individuelle Produkte entdecken. Ganz nach Gusto …

Was mit Spitzenkoch Ingo Holland begann, ist heute ein erfolgreiches Familienunternehmen, das mittlerweile von Sohn Kilian geleitet wird. Vater und Sohn haben viele der Gewürzmischungen mit Liebe zum Detail und zu ihrem Handwerk entwickelt. In der Manufaktur in Klingenberg legen sie sogar selbst Hand an. Dabei rösten, mischen und mahlen sie, was das Zeug hält. Das Genusshandwerk des Gewürzmüllers erfordert eine große Portion Leidenschaft. Natürlich bekommen Sie im Alten Gewürzamt auch Einzelgewürze. Ob Kräuter, Salz, Pfeffer, Chili oder Paprika – die Auswahl ist riesig. Auch gefriergetrocknete Kräuter und Früchte sowie Chutneys, Fruchtaufstriche, Schokolade und andere Feinkostprodukte stehen in den Regalen. Da haben Sie die Qual der Wahl. Wenn Sie noch Küchenhelfer benötigen, können Sie diese hier direkt erwerben. Aber das Herz des Alten Gewürzamts sind die Mischungen, die Ihnen die Alltagsküche sowie die kreativen Gerichte verfeinern. Alle Gewürzmixturen sind ehrliche Produkte. Das heißt, dass sie keinerlei Farbstoffe, Geschmacksverstärker, Konservierungsstoffe oder künstliche Aromen enthalten. Und so können Sie sich im Ladengeschäft inspirieren lassen, neue Gewürze entdecken oder sich beim Schnuppern in Gedanken auf einen weit entfernten orientalischen Gewürzmarkt träumen. Wenn Sie sich von den Gewürzdamen, wie die Mitarbeiterinnen im Alten Gewürzamt genannt werden, beraten lassen, haben diese vielleicht auch das ein oder andere Rezept für die Produkte parat, mit denen Sie gerade liebäugeln. In jedem Fall erwartet Sie ein Erlebnis für die Sinne!

Das Alte Gewürzamt veranstaltet regelmäßig Kurse und Events, bei denen Sie Ihr Wissen um Gewürze & Co. erweitern können.

Altes Gewürzamt · Mo – Fr 9–13, 14–18, Sa 9–14 Uhr · In der Altstadt 7 · 63911 Klingenberg · www.altesgewuerzamt.de · Haltestelle: Klingenberg (Main)

Altes Gewürzamt
Fam. Holland
Unsere Öffnungszeiten:
Montag - Freitag
9 - 13 Uhr und 14 - 18 Uhr
Samstag
9 - 14 Uhr
Altes Gewürzamt
Fam. Holland
Altes Gewürzamt GmbH Ingo Holland
Telefon: 09372 - 134 757
E-Mail: info@altesgewuerzamt.de
www.altesgewuerzamt.de
Wie schön,
dass Sie wieder da sind!

Cafe Traditional

WO FRANKFURTS TRADITIONEN LEBENDIG SIND

16

Seit fast einem Jahrhundert begrüßt Sie das Café Weidenweber und ist damit das älteste Café der Zeil. Die Familie fühlt sich mittlerweile in der dritten Generation der Tradition verpflichtet. Und dieses Wort wird hier sehr ernst genommen: sowohl in Bezug auf die vielen Familienrezepte, nach denen weiterhin in der Backstube gearbeitet wird, als auch auf die Liebe zum Konditor- und Bäckerhandwerk. Denn schon früh war klar, dass es hier nicht nur Brot und Brötchen, sondern auch Torten und Kuchen geben soll. So ist man heute besonders stolz auf die Frankfurter Spezialitäten Bethmännchen, den Kranz, den Haddekuche, Stutzweck und Wasserweck. Hochwertige Zutaten sowie saisonal ausgerichtete Produkte stehen dabei im Zentrum, und die jeweilige Obstsaison prägt die angebotenen Konditoreierzeugnisse.

Café Weidenweber · Mo–Sa 7–18 Uhr · Große Friedberger Str. 10 · 60313 Frankfurt · www.weidenweber.de · Haltstelle: S Konstablerwache

FEIERABEND MIT DEN FÜSSEN IM SAND

17

Was gibt es schöneres, als nach getaner Arbeit einen Cocktail am Strand zu genießen? Glücklicherweise müssen Sie dafür nicht bis ans Meer fahren, sondern können das ganz einfach im Taunus tun: nämlich an der Sundowner Lounge & Beach Bar am Schlosshotel Rettershof nördlich von Kelkheim. Der Alltag ist schnell vergessen, wenn Sie ohne Schuhe im Liegestuhl mit einem kühlen Getränk in der Hand den Sonnenuntergang genießen, während Palmen das mediterrane Ambiente abrunden. Die Lounge, im sandfarbenem Boho Chic gehalten, lässt das Herz eines jeden Liebhabers der Bohème höher schlagen. Für den kleinen Hunger ist auch gesorgt, denn Snacks wie Nachos mit Guacamole und Salsa füllen nicht nur den Magen, sondern machen das Urlaubsfeeling komplett. So geht Feierabend!

Sundowner Beach Bar im Romantik Hotel Schloss Rettershof · Bei schönem Wetter Mi–Sa 16–22, So 12–20 Uhr · Rettershof 5 · 65779 Kelkheim · Haltestelle: Bus 263 Fischbach Rettershof

18 EIN WAHRES FEST FÜR DIE SINNE

Mitten in Frankfurt wartet seit einiger Zeit ein besonderes Gesamtkonzept: Ein Restaurant inspiriert vom New Yorker Flair und eine Bar, die mit viel Kreativität punktet, haben sich zusammengetan, um außergewöhnliche Abende zu schaffen.

Eigentlich haben die beiden Lokalitäten nichts miteinander zu tun. Abgesehen von der Tatsache, dass sie sich im selben Gebäude befinden, dem WINX-Tower in Frankfurts Innenstadt, und die Gäste in dem großen Bürokomplex die Toilettenräume teilen. Doch was möglich wird, wenn man kein Konkurrenz-, sondern kooperatives Denken an den Tag legt, zeigt sich beim Restaurant 10012 (man spricht es Englisch aus, also Ten O Twelve) und der Tages- und Nachtbar White Rabbit. Während die Idee für das 10012 bei einem Bummel

durch das Künstlerviertel SoHo entstanden ist und daher ganz klar im Frankfurt meets New York Style gehalten ist, ist das White Rabbit eine Cocktailbar, die ihre Gäste durch Geschmackserlebnisse ins Wunderland entführen will.

> Das 10012 veranstaltet in regelmäßigen Abständen sogenannte Wine Markets. Dann stellen Winzer aus dem Umland ihre Weine vor – mit Livemusik und Street Food.

Durch das Foyer des WINX-Towers sind die beiden miteinander verbunden, und so kam es, dass die Gäste beide Locations entdeckten und den gleichen Abend in Big-Apple-Atmosphäre und auf den Spuren von Alice verbrachten. Eine Synergie war geboren. Und eine sehr gute noch dazu. Denn die Gäste im 10012, die die anspruchsvolle und weltoffene Küche genießen, freuen sich über einen Cocktail im White Rabbit, bevor es spätabends wieder nach Hause geht. Andersherum sind die Gäste der Cocktailbar, die sich gerne von neuen Aromen überraschen lassen, gleichermaßen begeistert von der Urban progressive kitchen des Restaurants. Was die beiden sonst verbindet, ist die Liebe zum Detail, die sich in Deko und Ausstattung sowie in der Karte widerspiegelt.

10012 · Mi 11.30–24, Do, Fr 11.30–1, Sa 18–1 Uhr · **White Rabbit** · Di–Do 17–24, Fr, Sa 17–1 Uhr · Neue Mainzer Str. 6–10 · 60311 Frankfurt · Haltestelle: U Willy-Brandt-Platz

MEISTER
BRIEF

WO DIE FLEISSIGEN BIENCHEN WOHNEN

19

Nicht umsonst gibt es das Sprichwort der fleißigen Bienen. Die kleinen schwarz-gelb gestreiften Tierchen fliegen emsig von Blüte zu Blüte, um den kostbaren Nektar zu sammeln. Davon können Sie sich in der Imkerei Kramerhonig gleich selbst ein Bild machen.

Andreas Kramer hatte schon lange den Traum, sich voll und ganz seinen Bienen zu widmen. Erst baute er die Imkerei am Ortsrand von Grävenwiesbach-Naunstadt, die mittlerweile bio-zertifiziert ist. Heute kann er sich als Vollzeit-Bio-Imker um seine summenden Völker kümmern, deren Beuten, wie die Wohnungen der Bienen genannt werden, im ganzen Rhein-Main-Gebiet verteilt sind. Die Stellplätze sucht er akribisch aus. Naturbelassene Wiesen am Rand von Naturschutzgebieten oder nahe der Felder von Biobetrieben eignen sich am besten. Aber auch um die Imkerei herum stehen mehrere Beuten. Hier stellt er auch seinen Honig selbst her, und es finden immer wieder Veranstaltungen statt, bei denen Maja, Willi und ihre Gefährten im Mittelpunkt stehen. Bei seiner gesamten Arbeit lautet die Philosophie »aus der Natur für den Menschen – wertschätzend und fürsorglich«. Diese Einstellung ist Andreas Kramer in Fleisch und Blut übergegangen. So verwendet er zum Beispiel – anders als die meisten Imker – weder Imkerkleidung noch Rauch, um sich bei seiner Arbeit selbst zu schützen, sondern nimmt stattdessen lieber regelmäßig Stiche in Kauf. Die Nähe zu den Tieren und ihr Wohl haben für ihn höchste Priorität. Am Ende stellt Andreas Kramer nicht nur Honig her, sondern auch Honigwein, Bienenwachstücher und andere Produkte, teilweise in Zusammenarbeit mit anderen lokalen Manufakturen. Im von seiner Frau betreuten Hofladen sind die Produkte erhältlich, die zum Großteil aus Eigenproduktion sind, aber etwa auch Makramees oder Töpferwaren lokaler Künstler umfassen.

> Wenn Sie den Hofladen nicht besuchen können, stöbern Sie doch mal im Onlineshop von Kramerhonig!

Imkerei Kramerhonig · Mi, Fr 14–18.30 · Oberste Eiche 1 · 61279 Grävenwiesbach · www.kramerhonig.de · Haltestelle: Bahnhof Grävenwiesbach

20 AUF FRANKFURTS ÄLTESTEM MARKT

Auf mehr als 650 Jahre Markttradition blickt der ehemals eigenständige Frankfurter Stadtteil Höchst zurück. Heute lässt sich nicht mehr genau bestimmen, wo genau die Waren zu Beginn feilgeboten wurden, da der Standort mehrmals gewechselt werden musste.

Heute befindet sich der Höchster Markt am Nordrand der Altstadt von Höchst, und dreimal pro Woche werden hier Obst, Gemüse, Fleisch und Co. angeboten. Ursprünglich war der Dienstag der einzige Markttag der damals noch unabhängigen Stadt. So stand es bereits in der Urkunde, durch die Höchst im Jahr 1356 von Kaiser Karl IV. das Marktrecht verliehen wurde. Im 18. Jahrhundert kamen der Freitag und später noch der Samstag hinzu. Er ist der älteste Markt Frankfurts und mit mehr als 30 Marktständen der zweitgrößte. Er verfügt über eine eigene Markthalle, die sich seit Mitte der 1950er-Jahre stolz neben dem klassischen Wochenmarkt erhebt, der auch weiterhin im Freien zwischen Melchior-, Antoniter- und Justinuskirchstraße stattfindet. Die Halle war eigentlich schon mit dem Eingemeindungsvertrag vorgesehen, als Höchst 1928 zum Frankfurter Stadtteil wurde. Durch Inflation, Weltwirtschaftskrise und Weltkrieg wurde das Projekt jedoch vorläufig auf Eis gelegt und erst 25 Jahre später umgesetzt. Die Marktbeschicker, wie die Händler genannt werden, sind mächtig stolz auf ihren Markt. Sie kommen aus einem Umkreis von rund 100 Kilometern, um ihre Waren vorzustellen und an den Mann und an die Frau zu bringen. Viele sind Selbsterzeuger, aber das hat in den letzten Jahren stark abgenommen. Über einen Markt zu schlendern, mit den Beschickern ins Gespräch zu kommen und alle Einkäufe so zu erledigen, wie man es bereits vor mehreren Hundert Jahren getan hat, ist ein ganz besonderes Gefühl. Wer sich zwischendurch eine Pause mit Kaffee und Brötchen gönnen oder eine Runde entspannt plaudern möchte, findet in der Markthalle sogar eine Ecke mit Tischen und Stühlen. So ist der Einkauf nicht nur lästige Pflicht, sondern wird zum Genuss!

Wochenmarkt und Markthalle Höchst · Di, Fr, Sa 7–13 Uhr · Höchster Markt 6 · 65929 Frankfurt · Haltestelle: S Frankfurt Höchst

HIMBEER
BONBON
175 g 2,50 €
FRÜCHTE-
MISCHUNG
BONBON
INGWER
INGWER

Feinkost

21 EIN HERZ FÜR HEIMATLOSE TIERE

Unweit von Darmstadt wartet idyllisch am Waldrand gelegen ein tierisches Vergnügen auf die Besucher. Der Gnadenhof und Tierhilfeverein Kellerranch rettet seit 1966 hilfsbedürftige, vernachlässigte und heimatlose Tiere und gibt ihnen ein neues Zuhause.

Die Voliere von Ernie und Bert ist gar nicht so weit vom Gehege von Tick, Trick und Track entfernt. Was beinahe nach einer neuen Kinderserie klingt, ist tierische Realität. Denn es geht hier um zwei Lachende Hänse, eine Vogelart aus der Familie der Eisvögel, und drei Pampashasen, die im gleichen Gehege wie die Kängurus leben. Die Luft ist erfüllt von den ganz unterschiedlichen Lauten der Tiere. Besucher hören ein Bellen, Zwitschern, Quaken und Wiehern, aber auch in unseren Breitengraden eher ungewöhnliche Geräusche wie Affengeschrei lassen sich hier vernehmen. Möglich macht dies die Kellerranch, auf der rund 530 aktive und passive Mitglieder, Angestellte, freiwillige Helfer usw. für das Wohl von über 300 hilfsbedürftigen Tieren sorgen. Sie alle hatten bis zu ihrer Ankunft auf der Kellerranch ein schwieriges oder gar tragisches Leben. Nun soll ihnen ein schöner Lebensabend möglich gemacht werden. Oder wie im Fall des Wildschweins Rudi gar ein ganzes Leben. Er wurde als Frischling gefunden und von Hängebauchschweinen großgezogen. Seine Zieheltern liebt er heiß und innig, auch wenn er mittlerweile mehr als doppelt so groß ist wie sie. Die Pforten werden täglich geöffnet, sodass Sie die vielen Bewohner des Gnadenhofs selbst kennenlernen können. Neben Hunden, Katzen, Pferden und Hoftieren leben hier auch Wildtiere. Besonders beeindruckend sind die Servale und die Silberfüchse, während die Trampeltiere und Alpakas den Besuchern ein Lächeln auf die Lippen zaubern. Die Kellerranch ist daher ein beliebtes Ausflugsziel für die ganze Familie.

> Sie können hier auch eine Patenschaft für eines der Tiere übernehmen und sich so direkt für das Tierwohl stark machen.

Gnadenhof Kellerranch · Tgl. 13–17 Uhr · Im Wasserlauf 3 · 64331 Weiterstadt · www.kellers-ranch.de · Haltestelle: Weiterstadt Groß-Gerauer Straße

BÜCHER, BACKKUNST UND EIN BAUDENKMAL

22

Wo einst Apothekerfläschchen über den Tresen gingen, wird heute kräftig Teig geknetet, Sahne steif geschlagen, und Früchte werden für leckere Füllungen püriert. Die Kuchen, Torten und Tartes sind neben den Büchern die heimlichen Stars im Literaturcafé Alte Apotheke in der Kleinstadt Steinau an der Straße.

Kirsten Ranft hatte schon immer eine Leidenschaft für Literatur und alte Häuser. 2013 beschloss sie, mit dem Kauf der Alten Apotheke, die 1680 erbaut wurde, beides miteinander zu verbinden. Fünf Jahre dauerte es, das Gebäude in akribischer Eigenarbeit denkmalgerecht zu sanieren und in das Kleinod zu verwandeln, das es heute ist. Die Einrichtung ist stark vom Stil des Fin de Siècle geprägt, den die Eigentümerin besonders liebt. Er zieht sich durch Möbel, Bilder an der Wand bis hin zur Dekoration. Ein mittelalterlicher Wandteppich ziert zum Beispiel den Treppenaufgang. Ob er echt ist, weiß die Chefin nicht genau. Aber er passt ins Café, und das ist das, was zählt. Während unten nur kleinere Regale mit Büchern stehen, wartet im ersten Stock die Bibliothek mit zahlreichen Schmökern. Gäste können Bücher tauschen oder einfach gleich hier anfangen zu lesen. Vielleicht bei einem Stück selbst gemachten Kuchen und Kaffee? Jedes Heißgetränk kommt mit einer eigens gebackenen Madeleine, dem Sandtörtchen, dem Marcel Proust in seinem Roman »Die Suche nach der verlorenen Zeit« eine Szene widmet. Proust ist einer von Ranfts Lieblingsautoren. Das Kuchenangebot wechselt und orientiert sich auch an den Wünschen der Gäste. Wer möchte, kann nämlich ganz einfach das Kärtchen mit der Aufschrift »Mein Wunschkuchen« ausfüllen und den nächsten Besuch im Literaturcafé angeben. Natürlich können nicht immer alle Anliegen berücksichtigt werden, aber wenn Sie Glück haben, finden Sie bei Ihrem nächsten Besuch Ihren Lieblingskuchen im Kühlschränkchen.

Jährlich gibt es im Literaturcafé ungefähr zwölf Veranstaltungen. Von Lesungen bis zu kleinen Konzerten ist alles dabei. Ein Blick ins Programm lohnt sich!

Literaturcafé Alte Apotheke · Di, Mi 13–17, Sa, So 13–18 Uhr · Brüder-Grimm-Str. 27 · 36396 Steinau an der Straße · www.literaturcafe-steinau.de · Haltestelle: Steinau an der Straße Kinzigbrücke

23 STEAK DE LUXE MIT SAFARI-FEELING

Oberhalb von Kronberg wartet das wohl beste Steakhouse im Rhein-Main-Gebiet. Der Slogan des Restaurants mit dem Fernweh weckenden Namen Lodge lautet »Beef's Finest«. Und der Name ist hier Programm. Denn es gibt nur das beste Rindfleisch.

Wer das Wort Lodge hört, hat wahrscheinlich direkt eine wunderschöne und exotische Unterkunft in der afrikanischen Savanne vor Augen. Auch wenn sich diese Lodge weder in Afrika noch in der Wildnis befindet, hat der Name dennoch seine Berechtigung. Denn von hier blicken Sie direkt ins Afrika-Gehege des Opel-Zoos. Wie oft bekommt man schon die Gelegenheit, mit Blick auf Giraffen, Gnus, Antilopen und Zebras zu speisen? Denn genau diese vier Tierarten nennen das Gehege ihr Zuhause. Mit etwas Glück lassen sie sich sogar mit ihrem Nachwuchs erleben. Und so haben Sie in der Lodge nicht nur die Möglichkeit, eine gehobene gastronomische Erfahrung zu machen, sondern dabei auch die beeindruckenden Tiere aus der Nähe zu beobachten, die friedlich grasen oder Heu aus den in den Bäumen hängenden Körben fressen. Im Hintergrund überragt die Burg Kronberg geradeso die Bäume und verrät, dass die Szenerie doch nicht in Afrika spielt. Hinter den Bäumen versteckt sich sogar die Frankfurter Skyline. Abgerundet wird der Besuch in der Lodge vom stilvollen Ambiente und allem, was damit zusammenhängt – von der Steakpräsentation, bei der sich Gäste ihr persönliches Lieblingssteak aussuchen können, über die leckeren Cocktails bis hin zur Weinkarte. So ist eine Oase des Genusses entstanden, die Sie kurzerhand in eine völlig andere Welt entführt. Um sicher zu gehen, sollten Sie daher vor Ihrem Besuch reservieren. Es spricht sich herum, dass man in der Lodge eine unvergessliche Zeit haben und für diese Breitengrade außergewöhnliche Momente erleben kann.

Der Malerblick ist nur wenige Hundert Meter entfernt. Einfach rechts der Straße folgen und dann den Ausblick genießen.

Lodge – Beef's Finest · Mo–Fr 10–24, Sa, So 11–24 Uhr · Am Opel-Zoo 3 · 61476 Kronberg · www.lodge-kronberg.de · Haltestelle: Opel-Zoo

24 VEGAN UND AUSGESPROCHEN LECKER

Hippe und vegane Cafés gibt's in Deutschland nur in Berlin? Falsch gedacht! Im Möhren Milieu in der Mainzer Neustadt setzt man auf vegane Gastro und trifft damit den Nerv der Zeit. Rohkost, frische Kuchen, vegane Bowls und Biosäfte dominieren die Karte. Selbstgebackenes ist von besonders großer Bedeutung, wobei teilweise ganz auf Mehl verzichtet oder mit Dinkelmehl gebacken wird. Zucker- und glutenfreie Optionen kommen hier ebenfalls auf den Tisch. Alle Gerichte sind auch zum Mitnehmen. Eingerichtet ist das moderne Café mit warmen Holzmöbeln, liebevoll dekoriert mit Trockenblumen und gemütlich gemacht mit kunterbunten Kissen. Auf einer Außenterrasse können Sie es sich ebenfalls bequem machen.

Möhren Milieu · Mo–Fr 10–20, Sa, So, Feiertag 10–18 Uhr · Adam-Karrillon-Str. 5 · 55118 Mainz · www.moehren-milieu.de · Haltestelle: S Mainz Hauptbahnhof

25 BESUCH IM KÜRBISPARADIES

Einmal im Jahr verwandelt sich der Hof vom Weiterstädter Bauern Lipp in ein orangefarbenes Paradies. Von September bis November können Sie hier Kürbisse aller Art kaufen und sich zu den zahlreichen Sorten – es gibt so viel mehr als nur Hokkaido! – ausführlich beraten lassen. Anschließend lassen sich im Café die kreativen Kreationen probieren, oder Sie stöbern im Hofladen nach Herzenslust durch die selbst gemachten Spezialitäten und Geschenkideen. Seit rund 100 Jahren bewirtschaftet die Familie ihre Felder nach biologischen Prinzipien und hat sich dem Anbau von Spargel, Erdbeeren, Himbeeren und Kürbissen sowie der Manufaktur verschrieben.

> Wer nicht genug bekommen kann, sollte sich direkt die Spargel- und Erdbeerzeit in den Kalender schreiben. Auch dann ist der Hofladen für Besucher geöffnet.

Hofladen Bauer Lipp · In der Saison tgl. 10–18.30 · Steinbrücker Hof · 64331 Weiterstadt · www.bauer-lipp.de · Haltestelle: Weiterstadt Groß-Gerauer Straße

Herzlich Willkommen
in unserem
Kürbisparadies

SO RICHTIG DIE SEELE BAUMELN LASSEN

WELLNESS, ENTSPANNUNG UND UNTERKUNFT

26 IN DEN SCHLAF GEWOGEN WERDEN

Idyllisch liegt am Höchster Ufer zwischen Main und Niddamündung ein historisches Schiff: die »Mainod«. Bereits seit dem Jahr 1959 ist es an dieser Stelle vertäut und verrichtet als das einzige dauerhafte Schiffshotel im Frankfurter Raum seinen Dienst.

Angeblich warten hier die romantischsten Zimmer ganz Frankfurts. Das behauptet zumindest Christian Zürcher, der neue Kapitän der »Mainod«, die bis 2021 schlicht »Hotelschiff Peter Schlott« hieß und liebevoll »Schlott-Schiff« genannt wurde. Mit dem neuen Chef und dem neuen Namen kamen auch neue Räumlichkeiten. Und so gibt es nun nicht weniger als 15 Zimmer in vier Kategorien – von der einfachen Kabine mit Gemeinschaftsbad auf dem Gang bis hin zur Suite mit privatem Bad und romantischem Blick auf den Fluss. So

ist für jedes Budget etwas dabei. Abseits des anonymen Großstadtdschungels können Sie auf der »Mainod« Entspannung finden und sich in den Schlaf wiegen lassen. Die Kabinen sind alle individuell gestaltet und mit einer Mischung aus maritimen sowie barocken Motiven eingerichtet. Inspirieren ließ sich Zürcher dabei von Poeten und Malern. Im bordeigenen Restaurant werden hessische Spezialitäten neu interpretiert und mit internationalen Gerichten kombiniert. So können Sie sich auf eine kulinarische Reise begeben, auf der Ihr Gaumen verwöhnt wird. Bei schönem Wetter lässt sich zusätzlich von der schwimmenden Ponton-Terrasse der Blick auf das Schwanheimer Ufer genießen. Kleine Boote sowie die Fähre fahren vorbei, hin und wieder schwimmen Schwäne den Fluss entlang. Der Alltag scheint auf dem Festland zurückgeblieben zu sein. Alles in allem ist ein Aufenthalt auf der »Mainod« – egal ob über Nacht oder nur für einen Restaurantbesuch – Balsam für die Seele.

Nutzen Sie doch die Gelegenheit und schlendern Sie am frühen Morgen bevor sich die Straßen füllen durch die Höchster Altstadt mit ihren Fachwerkhäusern.

Mainod · Mi–So 11–22.30 Uhr · Batterie · 65929 Frankfurt am Main · www.mainod.de · Haltestelle: S Frankfurt Höchst

27 GESUNDHEIT TRIFFT AUF WELLNESS

Dass ein Gang in die Sauna wohltuend für den Körper ist, ist kein Geheimnis. Das Wissen hingegen, dass nicht nur Wärme, sondern auch Kälte einen positiven Effekt auf Körper und Geist haben kann, ist noch nicht so weit verbreitet. Eine solche Erfahrung erwartet Sie in der Spessart Therme in Bad Soden-Salmünster.

Therapeutische Kältekammern erreichen -110 Grad. Was nach Kälteschock klingt, sorgt wohl eher für ein Glücksgefühl. Denn die Wirkung auf Körper und Geist ist oft vielfältig und unmittelbar. Besserer Schlaf, Linderung von Schmerzen und Verbesserung des Aktivitäts- und Stimmungsniveaus sind nur einige davon. Das Beste daran? Fast jeder kann den Gang in die Kammer wagen, die auch unter dem Kunstwort *icelab* bekannt ist. Es gibt nur wenige Kontraindikationen, sodass Sie nach einem kurzen medizinischen Check, der zum Beispiel eine Blutdruckmessung umfasst, bereit sind, den Frischekick selbst zu erleben. Über zwei Vorkammern, in denen jeweils die Temperatur drastisch sinkt – von -10 auf -60 –, gelangen Sie am Ende in die dritte und letzte Kammer, in der -110 Grad herrschen. Nur mit festen Turnschuhen, Socken, Badesachen, Handschuhen sowie Mund- und Ohrenschützern bekleidet, verbringen Sie nun bis zu drei Minuten auf diesen wenigen Quadratmetern. Immer in Bewegung bleiben ist die Devise. Währenddessen kann das Team vor der Kammer Sie jederzeit beobachten und über Lautsprecher mit Ihnen kommunizieren. So erhalten Sie konkrete Tipps für das Verhalten in der Kältekammer und können jederzeit Bescheid geben, wenn Sie den Raum vorzeitig verlassen möchten. Keiner muss die drei Minuten durchhalten. Danach sollten Sie sich erst einmal entspannen. Ob im Ruheraum oder auf einem der zur Verfügung stehenden Indoor-Cycling-Bikes … Hier können Sie sich alle Zeit der Welt nehmen, um sich langsam wieder aufzuwärmen.

Wenn Sie genug Zeit mitbringen, können Sie den Besuch auch mit einer wohltuenden Massage oder einem Aufenthalt in der Totes-Meer-Salzgrotte verbinden.

Spessart Therme · Mo–Sa 9–23, So 9–20 Uhr · Frowin-von-Hutten-Str. 5 · 63628 Bad Soden-Salmünster · www.spessart-therme.de · Haltestelle: Bad Soden-Salmünster Badestraße

icelab

HALLO ENTSPANNTES THAILAND

28

»Sawatdee kha!« Das heißt »hallo« auf Thai, und so werden Sie im Thai-Massagestudio Kalpapruek in Maintal-Bischofsheim begrüßt. Natürlich mit einem breiten Lächeln dazu – so wie es in Thailand üblich ist. Nicht umsonst wird es auch das »Land des Lächelns« genannt.

Der klangvolle Name Kalpa Pruek ist die thailändische Bezeichnung für den Zwergapfelbaum. Dieser auch *Wishing Tree* genannte Baum gilt in Thailand als Erfüller von Wünschen. Wenn Sie sich also etwas erhoffen und dabei an den Baum denken, wird Ihr Wunsch wahr werden. So zumindest verspricht es die thailändische Tradition. Daher ist es auch nicht verwunderlich, dass das Massagestudio Kalpapruek in Maintal-Bischofsheim zwischen Frankfurt und Hanau mit Blüten ebendieses Baumes geschmückt ist. Wie in Thailand üblich, werden am Eingang die Schuhe ausgezogen, und so fühlt man sich in Windeseile in das exotische Land versetzt. Damit Sie keine kalten Füße bekommen – die Temperaturen in Deutschland sind schließlich nicht mit denen im tropischen alten Siam zu vergleichen –, erhalten Sie ein paar Schlappen. Wählen Sie nun zwischen einer Öl-Massage, einer klassischen Thai-Massage, einer Rückenmassage oder einer Fußreflexzonenmassage und lassen Sie sich von den duftenden Ölen und den beruhigenden Klängen während der Prozedur verwöhnen. Im Anschluss erhalten Sie, wie in jedem guten Thai-Massagesalon üblich, einen Tee. Dieser soll Ihrem Körper helfen, dass die bei der Anwendung gelösten Gifte ausgespült werden können. Bei Kalpapruek gibt es Matum-Tee. Dieser duftet intensiv und schmeckt nach karamellisierter Orange. Er ist aus getrockneten Bael-Früchten gebrüht, die zu den gesündesten Obstsorten Thailands zählen. Er schmeckt nicht nur lecker und hilft Ihrem Körper beim Entgiften. Er wirkt sich auch beruhigend auf den Magen aus, beugt Erkältungen vor und senkt den Blutdruck. So ist der Besuch bei Kalpapruek nicht nur erholsam, sondern auch gut für Ihre Gesundheit. Selbstverständlich gibt es auch Gutscheine für Massagen zu einem späteren Zeitpunkt.

Kalpapruek · Mo–Fr 11–20, Sa 11–19 Uhr · Fechenheimer Weg 26 · 63477 Maintal Bischofsheim · www.kalpapruek-thai-massage.de · Haltestelle: Bus Maintal-Bischofsheim Hochstraße

29 MITTELMEERFLAIR IM RHEIN-MAIN-GEBIET

Am Honisch Beach erwartet Sie eine Bar der besonderen Art. Die Beach Bar und Bodega entführt Sie nämlich nach Spanien. Mit Tapas, Cerveza und den Füßen im Sand können Sie mit Blick aufs Wasser genüsslich den Tag ausklingen lassen.

Einfach mal die Welt Welt sein lassen ... Das funktioniert am Honisch Beach, nicht mal 40 Minuten von der Metropole Frankfurt am Main entfernt, ganz ausgezeichnet. Wo nach dem Zweiten Weltkrieg Kies und Sand für den Wiederaufbau von Häusern, Brücken und Straßen abgebaut wurden, können Sie inzwischen ein erfrischendes Bad nehmen. Die ehemalige Kiesgrube ist heute nämlich ein Badesee der sogenannten Niederberger Seenplatte und überzeugt nicht nur mit der großzügigen Liegewiese und der künstlich aufgeschütteten Sandfläche. Zur mediterranen Atmosphäre trägt auch die Beach

Bar und Bodega Honischland bei, die für schöne, gemütliche Sitzgelegenheiten im Boho Style und Schatten sorgt. Die musikalische Untermalung bringt zusätzliches Urlaubsfeeling, für kühle Getränke und leckeres Essen ist stets gesorgt. So lässt es sich auch an heißen Tagen problemlos aushalten. Hier finden außerdem regelmäßig Musik- und Tanzabende statt. Am churfränkischen Sandstrand können Besucher nach Lust und Laune faulenzen oder zum Beispiel auf dem Volleyballfeld oder mit einem eigenen SUP aktiv werden. Kinder dürfen sich auf dem Spielplatz austoben. Der Name Honisch Beach kommt übrigens keineswegs vom goldgelben Erzeugnis der Bienen. Er ist eine direkte Übernahme aus dem örtlichen Dialekt und heißt so viel wie »Ich hab's!«. Wenn Sie also das nächste Mal gefragt werden, ob Sie einen entspannten Rückzugsort für heiße Tage gefunden habe, können nun auch Sie im Dialekt und aus vollster Überzeugung antworten: »Honisch!«.

Wenn Sie gleich einen Kurzurlaub machen möchten, lohnt sich eine Übernachtung im Seehotel Niedernberg direkt am Honisch Beach. So geht Heimaturlaub!

Honischland Beach Bar & Bodega · So–Do 11–22, Fr, Sa 11–24 Uhr · Leerweg 2 · 63843 Niedernberg · www.honischland.com · Haltestelle: Niedernberg, Waldweg

RELAXEN IN EINEM TRAUM AUS 1001 NACHT

30

Gönnen Sie Ihren Sinnen eine Flucht aus dem Alltag! In der prachtvollen Traumwelt der Taunus Therme erwarten Sie schillernde Farben, harmonische Klänge und betörende Düfte. Eine Lichtseehöhle, zahlreiche Entspannungsbereiche und ein Dufttempel sorgen für einen wahrhaft relaxten Aufenthalt.

Die Taunus Therme ist ein Stück Asien mitten im Rhein-Main-Gebiet. Sie ist nämlich nicht nur ein Ort der Entspannung, sondern entführt Sie auch in ein exotisches Reich. Schon am Eingang sieht es so aus, als würden Sie einen Tempel betreten und keine Therme in Mitteleuropa. Das von buddhistischen Heiligtümern inspirierte Design der Wasserwelt sowie die vielen Buddha-Statuen erwecken den Eindruck, als wären Sie auf die andere Seite der Welt teleportiert worden. Ein bisschen Thailand-Atmosphäre in Bad Homburg … Aber der südostasiatisch inspirierte Teil ist noch nicht alles. Seit einigen Jahren gibt es im textilfreien Bereich noch ein besonderes Highlight: In der sogenannten Traumwelt erleben Sie entspannte Augenblicke für Körper und Geist. Säulen in allen Farben des Regenbogens, tanzende Lichter und dazu die aufgeheizten Liegeflächen und Hamam-Bäder wollen ein orientalisches Erlebnis wie aus 1001 Nacht erschaffen. Die natürlichen ätherischen Öle sind sowohl anregend als auch entspannend und wirken vitalisierend. Klangschalen, deren Tradition Jahrtausende zurückreicht, unterstützen eine gleichmäßige Atmung und sorgen für eine sanfte Klangwelt. Thermal- und Dampfbäder ganz unterschiedlicher Temperatur regen den Kreislauf an und verschaffen ein nachhaltiges Wohlgefühl. Um das Angebot in der Traumwelt voll auszuschöpfen, können Sie eine Massage- oder Hamam-Behandlung buchen – für sich allein oder mit Ihrer Begleitung als Paarmassage – und auf diese Weise die orientalische Erfahrung perfekt machen.

> Montags ist die eigentlich im textilfreien Bereich liegende Traumwelt mit Badebekleidung besuchbar. So kann jeder in den Genuss dieser Oase kommen!

Taunus Therme Traumwelt · Tgl. 9–22 Uhr · Seedammweg 10 · 61352 Bad Homburg · www.taunus-therme.de · Haltestelle: Bad Homburg v.d.H. Sedammbad

31 GLÜCK ZWISCHEN DEN BAUMWIPFELN

Im wunderschönen Spessart haben Sie die Möglichkeit, sich einen Kindheitstraum zu erfüllen. Denn wer hat in jungen Jahren nicht von einem Baumhaus geträumt? Im Luftkurort Mönchberg können Sie inmitten des Mönchberger Walds in einem der acht auf Stelzen gebauten Häuser, die von alten Eichen umschmiegt werden, nächtigen. Höhepunkt des Baumhausensembles ist das liebevoll gestaltete Hexenhäuschen. Es gibt keinen Grund, den Wald zu verlassen. Essenspakete können Gäste im Voraus mitbestellen, sodass Ihnen diese direkt an die Türschwelle geliefert werden. So haben Sie alles, was Sie für Ihre Auszeit benötigen. WLAN suchen Sie hier vergeblich. Dafür können Sie einfach die Seele baumeln lassen, die Natur genießen und im Wald auf Erkundungstour gehen.

Baumhaushotel Wipfelglück · Urbanusstr. 12 · 63933 Mönchberg · www.wipfelglueck.de

32 BADEVERGNÜGEN AM KAHLER SEE

Es ist kaum mehr vorstellbar, dass das heutige Freizeitzentrum früher eine Sandgrube zum Braunkohleabbau war. 1932 wurden jedoch alle Gruben der Kahler Seenplatte stillgelegt, da der Braunkohle-Tagebau unrentabel geworden war. So konnte der Kahler See bereits 1936 zu einem Strandbad umfunktioniert werden. Es dauerte noch bis 1959, bis der Campingplatz eingerichtet wurde und damit das neue Naherholungsgebiet für Ruhesuchende aus dem Frankfurter Raum entstand. Nicht weniger als 1500 Meter Sandstrand warten nun mit 800 Dauerstellplätzen und 40 Touristikplätzen für Camper auf. Diesen Rückzugsort erreichen Sie von Frankfurt aus in nicht mal einer Stunde und können dann einen entspannten Tag am See verbringen oder sich eine Auszeit auf dem Campingplatz gönnen.

Kahler See · Badebetrieb Mo–So 8–21 Uhr · Am Campingplatz 1 · 63796 Kahl am Main · www.campingplatz-kahl.de · Haltestelle: Heide-Kahl a. Main

EIN AUSFLUG NACH ASIEN IN FRANKFURT

33

Durch dicke Mauern vom Trubel des Großstadtdschungels abgeschottet, finden Sie im Bethmannpark in Frankfurts Nordend ein wahres Kleinod. Besonders schön ist der »Garten des Himmlischen Friedens«, eine von einer Mauer umfasste chinesische Gartenanlage, die 1989 nach vier Jahren Bauzeit eröffnet wurde.

Wenn Sie als Spaziergänger die Blütenpracht und Ruhe des Bethmannparks genießen wollen, sind Sie in bester Gesellschaft. Neben keinem geringeren als Johann Wolfgang von Goethe flanierten in dem heute drei Hektar großen Park schon Kaiser und Könige zwischen den Beeten und Bäumen. 1783 wurde er von der Familie von Bethmann erworben, die ihn mehrmals der Mode entsprechend umgestalten ließ. Der Garten des Himmlischen Frieden kam jedoch erst Ende des 20. Jahrhunderts hinzu. Schon länger hatten sich die Frankfurter einen chinesischen Garten in ihrer Stadt gewünscht. Das Projekt wurde Mitte der 1980er-Jahre durch 16 eigens angereiste chinesische Facharbeiter umgesetzt. Heute betreten Sie die rund 4000 Quadratmeter große Anlage durch ein massives und imposantes Haupttor innerhalb des Bethmannparks, das von zwei Statuen chinesischer Wächterlöwen flankiert wird. Im Mittelpunkt ruht der jaspisgrüne Teich mit seinen romantischen Seerosen, über den die »Brücke des halben Bootes« führt. Pavillons und Pagoden beherrschen das Bild, ein beeindruckender Wasserfall plätschert am westlichen Ufer des Teiches eine Felsenmauer hinab. Auf einem Hügel im Süden thront der Pavillon im schimmernden Grün. Der Garten des Himmlischen Friedens beherbergt außerdem asiatische Pflanzen und Sträucher, unter anderem auch Bambus, die nach der Harmonielehre Feng Shui angelegt wurden. Ob zum Meditieren, um ein Buch zu lesen oder einfach zum Entspannen: Hier finden Sie Ihre Ruhe-Oase in der Großstadt!

> Am schönsten ist der Garten des Himmlischen Friedens, wenn im April die Kirschbäume blühen. Dann können Sie »Sakura« mitten in Frankfurt erleben.

Bethmannpark · Mo–Fr 7 Uhr–Sonnenuntergang, Sa, So 10 Uhr–Sonnenuntergang · Mauerweg 8 · 60316 Frankfurt · www.frankfurt-tourismus.de · Haltestelle: U Merianplatz

34 ZWISCHEN WELLNESS UND WEINGENUSS

Genussvolle Momente und Glücksgefühle können Sie im Herzen Rheinhessens erleben. In Jordan's Untermühle erwarten Sie eine gehobene Küche, ein Spa mit nicht weniger als 1000 Quadratmetern und ein geschichtsträchtiger Fachwerkort mitten in einer Weinregion.

Seit 2005 zaubert die Familie Jordan ihren Gästen ein Lächeln auf die Lippen. Jordan's Untermühle heißt das Wellness- und Genusshotel im rheinhessischen Kögernheim. Aber die Geschichte der Mühle reicht bis ins 14. Jahrhundert zurück. Dokumentiert wurde sie erstmals 1608. Über die Jahrhunderte mahlte der Bau tagein tagaus Mehl, bis seine Arbeit irgendwann nicht mehr benötigt wurde. Nun hat er einen neuen Zweck und beherbergt das Restaurant und die Vinothek von Jordan's Untermühle, wo Hotelgäste wie Tagesbesucher

gleichermaßen ihrem Gaumen etwas Gutes tun können. Lokale Produkte und Gerichte aus der Region – mal ganz klassisch, mal kreativ, aber immer lecker! – führen zu kleinen Genussmomenten, die Sie begeistern werden. Passend dazu gibt es Weinempfehlungen mit den besten rheinhessischen Tropfen. Die Karte wechselt täglich, und so kommt bestimmt niemals Langeweile auf – auch wenn Sie mal länger als ein Wochenende bleiben sollten. Der Anspruch des Küchenteams ist hoch. Aber nicht nur kulinarisch können sich Gäste im Jordan's verwöhnen lassen. Das Spa erwartet sie unter der Bezeichnung Herz & Rebe. Der Name ist Programm: Denn hier setzt man unter anderem auf die Lehren der Wirkung des Weins – ob bei einer entspannenden Massage oder einer wohltuenden Beauty-Behandlung. Lassen Sie es sich in der Badelandschaft, der finnischen Sauna mit Panoramafenster oder auf einer der zahlreichen Sitz- und Liegemöglichkeiten gut gehen. So geht Abschalten …

Ein bisschen Aktivurlaub gefällig? Das Jordan's bietet einen Fahrradverleih, sodass Sie die Weinregion nach Lust und Laune per Rad erkunden können.

Jordan's Untermühle · Mo–So 7–22 Uhr · Außerhalb 1 · 55278 Köngernheim · www.jordans-untermuehle.de

WIE EIN GANZER TAG AM MEER

35

Wieso eine lange Reise ans Meer unternehmen, wenn das Gute doch so nah liegt. In der Odenwald Therme wartet nämlich eine Meersalzgrotte, deren Wirkung nach nur einer Stunde dieselbe ist wie ein voller Tag auf den Malediven.

60 Minuten dauert eine Sitzung in der Meersalzgrotte. 60 Minuten, in denen Sie in eine kuschelige Decke gewickelt, nichts weiter tun, als zu atmen und zu genießen. Die Meersalzgrotte in der Odenwald Therme ist einer natürlichen Grotte nachempfunden. Rundherum stehen Salzkristalllampen, die die wohlige Atmosphäre mit einem weichen Licht unterstützen. Das Mikroklima im Raum, in dem maximal acht Personen Platz finden, ist trocken und mineralhaltig. Dies bewirkt das Salz, das aus dem Himalaja und Schwarzen Meer stammt und das in der Grotte wie sehr grober Sand den Boden bedeckt. Die stimulierende Wirkung von Salz auf Gesundheit und Körper ist seit Jahrtausenden bekannt. Zu Beginn des Aufenthalts geht ein Thermenmitarbeiter mit einem Rechen über den Boden und wirbelt so das Salz, genauer gesagt, Mikroelemente wie Calcium, Kalium und Magnesium, noch einmal auf. Der einstündige Besuch, der nicht nur entspannend ist, sondern auch positive Auswirkungen zum Beispiel auf Atembeschwerden, Abgespanntheit oder Schlafprobleme haben kann, wirkt damit wie ein ganzer Tag am Meer. Schließen Sie also ruhig mal die Augen und gönnen Sie Ihrem Körper ein Stündchen Strandurlaub. Lassen Sie sich von dem regenerativen Klima verzaubern. Dafür müssen Sie im Übrigen kein Thermengast sein, sondern können auch vom Wandelgang aus in Straßenkleidung in die Grotte gelangen. Falls Sie Ihren Salzgrottenbesuch jedoch mit einer Runde Saunieren verbinden wollen, bietet es sich natürlich an, die Vorteile der Therme gleich doppelt zu nutzen.

> Gehen Sie doch vor Ihrem Thermenbesuch noch eine Runde wandern! Das muntere Mümlingtal bietet dafür eine wunderbare Kulisse.

Odenwald Therme Meersalzgrotte · Tgl. 9–10 Uhr · Elisabethenstr. 13 · 64732 Bad König · www.odenwald-therme.de · Haltestelle: Bad König Odenwaldtherme

36 EIN GARTEN WIE AUS ALTEN ZEITEN

Direkt am Klingenberger Stadtschloss lädt ein besonderer Garten zum Schnuppern und Genießen ein. Mit rund 400 duftenden Blumen ist der Rosengarten ein kleines Fest für die Sinne. Er wurde 1560 angelegt und Mitte des 18. Jahrhunderts zu einem Garten im französischen Stil umgebaut, den man durch ein beeindruckendes Sandsteinportal betrat. Etwa 50 Jahre später wurde ein Teehäuschen ergänzt. Seit 1965 überragt die Trinitatiskirche, die durch Dreiecksformen das Thema der Dreifaltigkeit im Bau aufgreift, die farbenfrohen Blüten. Der Rosengarten selbst wurde 1981 für die Öffentlichkeit freigegeben und lädt vor der Kulisse der Klingenberger Weinberge zum Schlendern und Wohlfühlen ein. Oder Sie lauschen auf einer der Sitzbänke dem Plätschern des kleinen Springbrunnens.

Rosengarten Klingenberg · Rund um die Uhr geöffnet · Rathausstr. 9 · 63911 Klingenberg · www.stadt-klingenberg.de · Haltestelle: Klingenberg (Main)

37 BESUCH IM FULDAER AUENLAND

Die Fulda hat im gleichnamigen Stadtgebiet mehrere Auen und Weiher und damit Möglichkeiten für Naherholungsgebiete geschaffen. Bereits 1994 fand in der Barockstadt die Landesgartenschau statt, wofür die Auen zu einem einladenden Park umgestaltet wurden, der noch heute fester Bestandteil des Naherholungsgebiets ist. Fast 30 Jahre später kehrt die LGS 2023 zurück und – anknüpfend an die Ideen von damals – verwandelt die Stadt in ein blühendes Gartenparadies. Die bestehende Fulda-Aue erhält den klangvollen Namen »Der Wassergarten« und wird um weitere Parkareale ergänzt. Am Ufer wird mit einem breiten Holzdeck eine Art Balkon geschaffen, wo Sie sich am Wasserrand zwischen Blumen und Stauden ausruhen, entspannen oder einfach die Seele baumeln lassen können.

Fulda-Aue · Rund um die Uhr geöffnet · Johannisstr. 44 · 36041 Fulda · www.tourismus-fulda.de · Haltestelle: B Martin-Luther-Platz Fulda

38 SLEEPING WITH A GORGEOUS VIEW

Eine Auszeit mitten in der Stadt gefällig? Im Meliã Frankfurt City können Sie im spektakulären Wolkenkratzer One Forty West übernachten. Dann sind Sie direkt im Geschehen, aber dennoch abseits des Trubels. Denn in dem Gebäude eröffnet sich eine völlig neue Welt.

Komfortable Suiten, herrlicher Panoramablick und ein großzügiger Fitness- sowie Wellnessbereich warten im Meliã City Hotel in Frankfurt. Die Stadt ist nicht umsonst auch als »Mainhattan« bekannt, wovon Sie sich hier selbst überzeugen können. Denn vom Restaurant und der Skybar oben im 15. Stock können Sie die ikonische Skyline beim Abendessen mit regionalen und saisonalen Produkten oder einem leckeren Drink ganz in Ruhe bewundern. In 85 Metern Höhe genießen Sie einen ausgezeichneten Panoramablick über die Hochhäuser der Metropole. Unter der Leitung des berühmten Chefkochs Íñigo Urrechu kreiert das Team eine mediterrane Küche mit spanischen Einflüssen. Vor allem zum Sonnenuntergang, wenn sich die gelbe Scheibe in den Glasfassaden der Hochhäuser widerspiegelt, oder nachts, wenn die Lichter der Skyline funkeln und die Straßen durch den Verkehr zu einem rot-weißen Lichtermeer werden, ist der Ausblick atemberaubend. Dabei trennt Sie bei Bedarf nicht einmal ein Fenster vom Geschehen, da hoch oben eine Terrasse wartet. Wer an den Fotoapparat gedacht hat, ist hier klar im Vorteil! Nebenan im The Level erwarten Sie Eleganz und Premiumservice sowie der Blick in Richtung Europaturm. Oder verwöhnen Sie Körper und Geist im Wellnessbereich. Eine geräumige Sauna mit Glasfront erlaubt es, beim Schwitzen nach draußen zu schauen. So lässt es sich aushalten! Auf diese Weise wird im Meliã Frankfurt City gleichermaßen für Ihr leibliches Wohl und Ihre innere Ruhe gesorgt. Perfekt, um übers Wochenende runterzukommen, zu entschleunigen und es sich gut gehen zu lassen …

Warum planen Sie nicht einen Ausflug in den Palmengarten mit ein? Der botanische Garten ist nur einen Spaziergang von rund zehn Minuten entfernt!

Meliá Frankfurt City · Senckenberganlage 13 · 60325 Frankfurt · www.melia.com · Haltestelle: Frankfurt Bockenheim

39 AHOI AM ROMANTISCHEN RHEIN

Im Papa Rhein trifft urbaner Chic auf Lifestyle. Und das direkt am Tor zum Oberen Mittelrheintal, das sich mit 67 Kilometern Länge von Bingen bis Koblenz erstreckt und seit 2002 UNESCO-Weltkulturerbe ist.

Der Rhein ist ein symbolträchtiger Fluss. Er ist Grenze, Handelsweg und Legende in einem. Er wird in der Mythologie durch Rhenus Pater personifiziert, dem stiergestaltigen Flussgott Vater Rhein, der mit dem römischen Wassergott Neptun in Verbindung gebracht wird. Das neue Hotel am Binger Kulturhafen Papa Rhein greift diese Thematik auf. Klar! Immerhin liegt es direkt am Ufer des mächtigen Flusses und bietet einen herrlichen Weitblick über das Wasser und die Weinberge des am anderen Ufer gelegenen Rheingaus. Vorbeiziehende Boote brummen leise, und so haben Sie beinahe das Gefühl, auf einem Kreuzfahrtschiff zu sein. Die maritimen Elemente, die Deko im Boho Style und der ausgelegte Sand im Indoor-Bootshaus tragen ebenfalls ihren Teil dazu bei, dass aufkommendes Fernweh schnell gestillt wird. Wer einfach mal die Seele baumeln lassen will, hat vor allem das sogenannte Hafen Spa als Anlauf- oder besser Anlegestelle zur Verfügung: Ein Pool auf der Dachterrasse und ein weiteres Schwimmbecken im Innenraum sorgen dafür, dass Sie bei jedem Wetter eine Runde im kühlen Nass drehen können, wenn Ihnen danach sein sollte. Neben einer finnischen und einer Biosauna warten ein Dampfbad und ein Rasulbad sowie Ruheräume darauf, Ihnen eine entspannte Zeit zu bescheren. Natürlich können Sie das beliebig mit Wellnessbehandlungen oder ein bisschen Yoga verbinden. Wie Sie Ihre Relax-Time gestalten, bleibt ganz Ihnen überlassen. Da steigt der Wohlfühlfaktor ganz schnell an. Auch Tagesgäste sind willkommen, sodass Sie hier auch fix das Business-Outfit gegen den Kuschelbademantel tauschen und dem Alltagstrott entschwinden können.

Das Papa Rhein liegt am Binger Kulturufer, das Entrée zum Welterbe Oberes Mittelrheintal. Ein Spaziergang lohnt sich!

Papa Rhein · Hafenstr. 47 · 55411 Bingen am Rhein · www.paparheinhotel.de · Haltestelle: Bingen (Rhein) Stadt

HOTO
RENOIR

TRÄUMEN AUF HISTORISCHEM GRUND

40

Romantische Zimmer, besondere Arrangements und gutes Essen – das zeichnet das Hotel Burg Schwarzenstein aus, das hoch über dem Rheintal über Oestrich thront. Wer ein unvergessliches Wochenende zu zweit im Rheingau erleben will, ist hier richtig.

51 Zimmer und Suiten laden in den drei Gebäuden dazu ein, den Alltag hinter sich zu lassen. Im historischen Gemäuer der Burg Schwarzenstein, das teilweise freigelegt und zu einem Bestandteil des Interieurs gemacht wurde, warten sieben individuell eingerichtete und romantische Zimmer auf Übernachtungsgäste. Die Turmsuite verfügt zum Beispiel nicht nur über eine eigene Dachterrasse und damit eine echte Ruhe-Oase. Sie bietet zudem als einziges Zimmer des Hotels Burg Schwarzenstein einen Blick über die Weinberge ins Rheintal. Dabei müssen Sie nicht auf den Standard von Relais & Châteaux verzichten, sondern genießen exklusiven Komfort, Liebe zum Detail und Behaglichkeit. Im Vergleich zum Turm ist die Parkresidenz im Hauptgebäude in deutlich modernerem Design gehalten, aber nicht weniger elegant. Dunkles Holz, Seide und stilvolle Accessoires, kombiniert mit smartem Luxus, erwarten Sie hier. Wählen Sie zwischen einem Doppelzimmer, einer Juniorsuite, der Riesling Suite und der Panoramasuite mit komplett verglaster Außenfront, die den Blick über die Rheinebene freigibt. Für den kleineren Geldbeutel steht das Gästehaus im gemütlichen Landhausstil zur Verfügung. So können Sie die entspannte Atmosphäre, den malerischen Park und die ausgezeichneten Restaurants genießen, wenn Sie etwas weniger ausgeben möchten. Das Burgrestaurant verwöhnt mit regionalen Spezialitäten und lokalen Weinen in spektakulärer Kulisse, während das Restaurant Müllers eine kosmopolitische Atmosphäre schaffen möchte.

Früh aufstehen lohnt sich! Der Sonnenaufgang am Rheinufer ist vor allem im Herbst ein wahres Schauspiel, wenn der Nebel über den Fluss wabert.

Relais & Chateau Burg Schwarzenstein · Rosengasse 32 · 65366 Geisenheim-Johannisberg · www.burg-schwarzenstein.de · Haltestelle: Geisenheim-Johannisberg Schloßheide

41 EINE KAISERLICHE ENTSPANNUNG

Das geschichtsträchtige Kaiser-Wilhelms-Bad in Bad Homburg war von Beginn an ein Mekka für Ruhesuchende. Illustre Gäste, Adelige und der Kaiser höchstpersönlich fanden ihren Weg hierher, um neue Energie zu schöpfen. Damals wie heute trägt der prächtige Bau seinen Teil zur Beliebtheit des Bades bei.

Was früher ein Ort der Sommerfrische war, ist heute eine Oase der Entspannung, die dazu einlädt, dem Alltag für ein paar Stunden zu entfliehen. Schon der prachtvolle Eingangsbereich scheint in eine andere Welt zu geleiten. Die historische Kuppel ist noch im Original erhalten und mit ihr auch zahlreiche andere Details. So wandeln Sie ehrfürchtig vom Reception Desk, an dem Sie zum Day Spa eingelassen werden, zur Umkleide. Jeder Gast erhält zwei große Handtücher und einen Sarong. Nur an Badekleidung und Badeschuhe müssen Sie selbst denken. Für den Rest ist gesorgt. Das Bad befindet sich auf zwei Ebenen mit insgesamt 16 Stationen – vom Sole-Entspannungs-Bassin bis zum Ruheraum, in dem Sie unter dem Sternenzelt liegen. Eines der Highlights ist das Heudampfbad. Jeden Tag werden dafür Gräser, Kräuter und Blumen aus dem Kurpark getrocknet und erwärmt. In diesem Raum können Sie die Kraft der Natur am eigenen Leib spüren. Auch das Sand-Licht-Bad ist etwas ganz Besonderes: Sie entspannen im warmen Sand, bei Meeresrauschen und einer Sonne, die innerhalb von rund 20 Minuten auf- und wieder untergeht. Mit dem Lauf dieser Sonne ändert sich auch die Lichtstimmung. Es fühlt sich fast wie Urlaub an! Wer die Bad Homburger Sole einatmen möchte, sollte am besten in den Solepark gehen, der sich ganz hinten rechts im oberen Stockwerk verbirgt. An der Wand befindet sich ein Gradierwerk, und an den Seiten vermitteln Fotos aus dem Kurpark das Gefühl, mitten im Park zu sitzen. Um Ihren Körper vollends zu verwöhnen, können Sie Ihren Aufenthalt mit einer Massage abrunden.

Gönnen Sie sich im Anschluss an den Besuch im Kur-Royal einen Spaziergang im herrlichen Kurpark.

Kur-Royal Day Spa · So–Do 10–20, Fr, Sa 10–22 Uhr · Kaiser-Wilhelms-Bad · 61348 Bad Homburg vor der Höhe · www.kur-royal.de · Haltestelle: Bad Homburg v. d. H. Kaiser-Wilhelms-Bad

KAISER WILHELMS BAD

BURGROMANTIK ÜBER DEM LAHNTAL

42

Auf Burg Staufenberg zwischen Marburg und Gießen wird das Mittelalter erlebbar gemacht und auch selbst gelebt. Das beginnt schon mit dem ersten Eindruck: Alle Mitarbeiter des Hotels tragen mittelalterliche Gewänder. So wird der Ausflug in die Vergangenheit und die kleine Flucht aus dem Alltag ganz leicht gemacht!

Ursprünglich gab es hier zwei Burgen: Die Oberburg, die bereits Ende des 11. Jahrhunderts erbaut worden war, aber im Dreißigjährigen Krieg vollständig zerstört wurde, und die etwas später errichtete Unterburg. Imposant überblickten sie das Lahntal und erlebten mehrere Kampfhandlungen und Besitzerwechsel. Aber nach dem Dreißigjährigen Krieg und der damit einhergehenden Verwüstung der Oberburg und ihrem Ende als Steinbruch, versank die Unterburg in einen fast 250 Jahre anhaltenden Dornröschenschlaf. Aus diesem erwachte sie, nachdem zwei Prinzen aus dem Haus Hessen-Darmstadt in Gießen studierten, die Burg entdeckten und Mitte des 19. Jahrhunderts restaurieren ließen. Seit 2002 beherbergt sie nun ein Hotel: das Burghotel Staufenberg, das trotz modernem Komfort die traditionsreichen Elemente der Vergangenheit in den Vordergrund stellt. So können Sie in diesen historischen Mauern in einem der 34 Zimmer und Suiten nächtigen, die Landschaft und das Essen genießen und zum Beispiel auch Veranstaltungen im Ritterkeller genießen. Das alte Gemäuer, die Ritterrüstungen und der prächtige Kamin vermitteln den Eindruck, als hätten Sie sich tatsächlich auf eine Zeitreise begeben. Ein wenig anders sieht es aus, wenn Sie den Weg zur Ruine der Oberburg auf sich nehmen. In 244 Metern Höhe thront sie auf dem gleichnamigen Berg etwa fünf bis zehn Minuten durch ein Wäldchen von der Unterburg entfernt. Es ist noch ein Teil des repräsentativen Saalbaus, genannt Palas, zu sehen. An der nordöstlichen Ecke ragt noch ein 13 Meter hoher Turm empor, auf dem eine frei zugängliche Aussichtsplattform über eine Art Wendeltreppe erreicht werden kann. Oben lockt ein herrlicher Weitblick in alle Richtungen.

Burghotel Staufenberg · Burggasse 10 · 35460 Staufenberg · www.burg-hotel-staufenberg.com · Haltestelle: Staufenberg-Mainzlarer Straße

43 ABSCHALTEN AM INSELRHEIN

Wer mal ins Auenland möchte, muss nicht zwangsläufig in die Welt von »Herr der Ringe« eintauchen. Man kann sich beispielsweise auch nach Ingelheim begeben und dort die schönen Rheinauen genießen. Abschalten kann so einfach sein …

Zwischen Mainz und Bingen gibt es zahlreiche Rheinauen. Die kleinen Inselchen im Rhein gaben diesem Abschnitt des Flusses auch seinen Namen: Inselrhein. Die Eilande bilden eine ganze Kette von Naturschutzgebieten, zu denen nur die Petersaue nicht dazugezählt wird, da sie ein Wasserschutzgebiet ist. Die Rheinauen sind das Zuhause zahlreicher Vogelarten, die hier zum Teil nur überwintern, zum Teil aber auch ganzjährig auf den Flussinseln leben. Die Feuchtwiesen und Sandbänke stellen einen idealen Rastplatz für Zugvögel dar. Auch Störche finden alljährlich ihren Weg hierher. Wer besonderes Glück hat, kann sie in ihrem Nest beobachten, und wer zur richtigen Zeit vor Ort ist, sogar mit ihren Jungen, die stets hungrig auf Futternachschub warten. An einigen Stellen eröffnet sich ein wundervoller Panoramablick auf den Rhein und in den Rheingau, der sich am gegenüberliegenden Ufer erstreckt. Diese Aussicht genießen Sie zum Beispiel von der Hafenmole oder wann immer sich die Bäume etwas lichten und den Blick freigeben. Außerdem gibt es einen kleinen, aber feinen Aussichtsturm. Dieser bietet in den Sommermonaten, wenn die Blätter zahlreich gewachsen sind, einen wunderbaren Blick auf die Baumlandschaft. Wenn das Blättergewand im Herbst nicht mehr so dicht ist, können Sie von dort auch auf die andere Rheinseite hinüberblicken. Von der Hafenmole verläuft eine Promenade vier Kilometer den Rhein entlang. Links der Fluss und rechts Wälder, Felder und Obstbaumplantagen, wähnt man sich fast in einer herrschaftlichen Allee. Pappeln und Trauerweiden setzen nochmals eigene Akzente.

Im Sommer können in den Rheinauen schon mal viele Mücken unterwegs sein. Ein Mückenspray zur Hand zu haben, ist also im Notfall Gold wert.

Rheinauen bei Ingelheim · Unteraue 0 · 55262 Ingelheim am Rhein

AM RHEIN EINE KLEINE AUSZEIT NEHMEN

44

Der Nebel wabert langsam über den träge dahinfließenden Rhein, während sich die ersten Sonnenstrahlen des Tages ihren Weg bahnen. Genau diese romantische Szene können Sie aus dem Nägler's Fine Lounge Hotel in Oestrich-Winkel auf sich einwirken lassen. So sieht Rheinromantik in vollendeter Form aus!

Zwischen dem Rhein und den Weinbergen des Rheingaus wartet ein Hotel der Extraklasse auf Sie. Im Nägler's erleben Sie einen gelungenen Mix aus der besonderen Lage in der größten hessischen Weinbaugemeinde und viel Liebe zum Detail. Dies zeigt sich zum Beispiel in den 41 Zimmern, die allesamt Unikate sind. Vertreten sind die Themen Weinlagen, Region und Lifestyle. Die Weinlagenzimmer liegen beispielsweise im Ostflügel, von wo Sie den wunderbaren Blick auf den Rhein genießen können. Die Regionszimmer befinden sich hingegen im Westflügel. Hier zieren Aufnahmen aus dem Rheingau die Wände. Die Lifestylezimmer sind moderner gestaltet und zeichnen sich durch ihre farblichen Kontraste aus. Bereits im gebuchten Zimmer beginnt die Wohlfühlatmosphäre, die sich im Rest des Hauses fortsetzt. Das absolute Highlight ist der Spa- und Wellnessbereich. Wenn Sie eine kurze Auszeit brauchen oder sich einfach etwas Gutes tun möchten, sind Sie hier genau richtig! Es warten zwei Saunen – eine finnische und eine Biosauna –, ein Dampfbad, eine Infrarotkabine, ein Tauchbecken und ein Ruheraum. Wellnessbehandlungen wie Massagen, Peelings und Co. können nach Belieben hinzugebucht werden. Dabei finden vornehmlich regionale Produkte, zum Beispiel Traubenkerne und Wein Anwendung. Wenn Sie sich anschließend erholen möchten, können Sie sich einfach im Wohlfühlbereich auf Ihrem Lieblingsplatz in eine Decke kuscheln. Es warten Couches, Betten und Schaukeln, auf denen Sie abschalten und entspannen können. Sollten Sie den Fitnessbereich nutzen wollen, können Sie sich auf ein gemütliches Interieur und nachhaltige Materialien freuen. So gelingt das Abschalten – egal ob für ein ganzes Wochenende mit Übernachtung oder einfach im Day Spa.

Nägler's Fine Lounge · Hauptstr. 1 · 65375 Oestrich-Winkel · www.naeglers-hotel.de · Haltestelle: Bahnhof Oestrich-Winkel

ROSIGE ZEITEN FÜR ERHOLUNG

45

Bad Nauheim ist seit Mitte des 19. Jahrhunderts eine Kurstadt und erhielt 1869 das Prädikat »Bad« als Sole-Thermal-Heilbad. Davon zeugen auch die Gradierbauten, die im Kurpark verteilt stehen und an denen Sie die stark salzhaltige Luft einatmen können.

Der Kurpark stammt aus der Feder des berühmten Gartenarchitekten Heinrich Siesmayer, der auch den Palmengarten in Frankfurt konzipierte. Im Fall des historischen Kurparks in Bad Nauheim war eine Bleistiftskizze die Grundlage für das, was heute die »grüne Lunge« und gleichzeitig das Herz der Stadt ist. Ganz im Stil eines englischen Gartens ist er eine perfekte Mischung aus alten Bäumen, die zum Teil über 200 Jahre alt sind, freien Flächen zum Spazierengehen und malerischen Teichen, auf denen Sie sogar mit dem Boot fahren können. Er ist gemacht, um zu staunen und um die Gedanken schweifen zu lassen, zu träumen und einfach ein bisschen Entspannung zu finden. Ganz in der Nähe des Denkmals für Elvis Presley – er war in den Jahren von 1958 bis 1960 in Friedberg stationiert und lebte seinerzeit in Bad Nauheim – zwischen der historischen Trinkkuranlage und der Dankeskirche befindet sich der Rosengarten. Die Königin der Blumen gilt seit über zwei Jahrtausenden als Symbol für Liebe und Schönheit. Zudem hat sie eine positive Wirkung auf Körper und Geist. Sie wirkt beruhigend, wenn Sie unter Stress stehen, und belebend, wenn Sie erschöpft sind. Daher ist es kein Wunder, dass die farbenfrohe, wenn auch stachelige Schönheit in vielen Kurparks in einem eigenen kleinen Gartenbereich anzutreffen ist. In Bad Nauheim liegt er zu Füßen der Dankeskirche, die mit ihrem 70 Meter hohen Turm ein Wahrzeichen der Stadt ist, und hat eine geometrische Anordnung. Bänke laden zum Verweilen und Genießen ein.

Sie möchten noch mehr über die Tradition der Rose erfahren? Planen Sie einen Ausflug ins Rosenmuseum Steinfurth, nur 4 km von der Innenstadt entfernt.

Kurpark · Rund um die Uhr geöffnet · 61231 Bad Nauheim · www.bad-nauheim.de · Haltestelle: Bad Nauheim Trinkkuranlage

46 EINE MEDITERRANE AUSZEIT GENIESSEN

Zwischen Mainz und Worms wartet ein wahres Kleinod, das unter Einheimischen auch als »Badewanne Rheinhessens« bekannt ist. Die ehemalige Sand- und Kiesgrube wurde im Jahr 2018 renaturiert, und mit der großen Sandfläche bietet der dreigeteilte Altrheinsee heute kostenfrei echtes Urlaubsfeeling. Am Sandstrand mit angrenzender Liegewiese braun werden und zwischendurch ins Wasser hüpfen … Dafür brauchen Sie nicht mehr ans Hunderte Kilometer entfernte Meer zu fahren. Für Ihr leibliches Wohl sorgt währenddessen eine Beach Bar, in der auch Events stattfinden. Für den anschließenden Verdauungsspaziergang können Sie den ungefähr sechs Kilometer langen Altrhein-Pfad wählen, der direkt am See entlangführt.

Altrheinsee · Gimbsheimer Straße · 67575 Eich · www.see.de/altrheinsee ·
Haltestelle: Gasthaus Gutjahr

47 WER ZUERST KOMMT, MAHLT ZUERST

Idyllisch liegt die Bansamühle am Luderbach in Neu-Isenburg. Geometrisch angelegte Beete, ein Pavillon und ein Wasserspiel umgeben die ehemalige Wassermühle heute, die bereits im Jahr 1705 errichtet wurde. Damals war sie äußerst wichtig, auch wenn sie nicht lange ihren Dienst tat. Denn der Bach führte immer weniger Wasser. So kam es, dass die Mühle bald Blitz- und Donnermühle genannt wurde. Sie arbeitete nämlich nur noch nach Gewittern. 1766 wurde sie von einem Frankfurter Bankkaufmann und seinem Compagnon gekauft, der ihr ihren Namen gab. Er hieß Johann Matthias Bansa. Überlebensgroße Plastiken aus Holz zeigen Adam und Eva in diesem kleinen Garten Eden. Einen Apfel sucht man hier aber vergeblich. Stattdessen überreicht Adam seiner Eva einen Strauß Blumen.

Bansamühle · Bansastr. 29 · 63263 Neu-Isenburg · www.neu-isenburg.de ·
Haltestelle: Neu-Isenburg Bansamühle

EIN WOCHENENDE MIT TOSKANA-FEELING

48

Wenn im Rhein-Main-Gebiet die Temperaturen fallen oder das Wetter draußen wenig einladend wirkt, träumt man sich schon mal ganz gerne ins sonnenverwöhnte Italien. Was wäre, wenn die Erfüllung Ihres Tagtraumes direkt um die Ecke läge?

Allein der Name sorgt für Urlaubs-Feeling: Toskana Therme. Sie befindet sich in Bad Orb direkt am Kurpark. Mit ihrer futuristischen Architektur gilt sie als die schönste Wellness-Location in ganz Hessen. Eingebettet in das Panorama des Kurparks mit dem 155 Meter langen und zwölf Meter hohen Wahrzeichen der Stadt, dem Gradierwerk, blicken Sie aus der Therme nicht auf Mauern oder Zäune, sondern direkt ins Grüne – obwohl Sie sich in der Stadt befinden. Hier können Sie in Ruhe in die Welt von Wärme, Wasser, Licht und Klang eintauchen, ohne das Rhein-Main-Gebiet zu verlassen. Neben der für Thermen typischen Wasser- und Saunawelt mit verschiedenen Schwimmbecken, Whirlpools, Saunen und Dampfbädern gibt es in der Toskana Therme einen einzigartigen Raum: Liquid Sound heißt das Konzept, bei dem Sie in sphärische Klänge und stimmungsvolle Lichtspiele eintauchen. Im wahrsten Sinne des Wortes … Sie baden im Wasser, sind von Musik umgeben, die Sie auch unter Wasser hören können, und die von Lichtern in allen Farben des Regenbogens begleitet wird. Hier wird das Becken als ein mit Wasser gefüllter Konzertsaal betrachtet. Die Idee dazu basiert auf den Gesängen von Walen. Die sanften Riesen machen die Weltmeere zu ihrer Bühne. Im Liquid Sound sollen sich Gäste wie bei einem Konzert im Wasser fühlen. Das Baden wird somit zu einem wahren Erlebnis für alle Sinne. Und um die Therme in aller Ruhe genießen zu können und sich und Ihrem Körper eine echte Auszeit zu gönnen, können Sie ganz einfach mehrere Tage bleiben. An die Therme angeschlossen wartet nämlich ein Hotel mit Bademantelgang. Auf diese Weise gelangen Hotelgäste im Bademantel von Ihrem Zimmer direkt in die Therme und können den Alltag ganz einfach hinter sich lassen.

Toskana Therme Bad Orb & Hotel an der Therme ·
Thermenzeiten: tgl. 10–22 Uhr · Hoststr. 1 · 63619 Bad Orb ·
www.toskanaworld.net · Haltestelle: Bad Orb Toskana Therme

DEM GEZWITSCHER AUF DER SPUR

49

Zwischen Wetzlar-Dutenhofen, Heuchelheim und Atzbach erstreckt sich ein besonderes Naturschutzgebiet, das mit über 200 Brut- und Rastvogelarten inklusive 15 gefährdeter Spezies der Roten Liste zu den bedeutendsten Vogelschutzgebieten des Landes gehört.

Erholen, ausruhen, entspannen ... Das sollte 2010 in Mittelhessen mit dem Naherholungsgebiet Lahnpark ermöglicht werden. Besucher sollten Spazierengehen, Radfahren und Wasserwandern können. Also wurde die entsprechende Infrastruktur dafür entwickelt und ausgebaut – alles immer mit dem Gedanken des Naturschutzes im Hinterkopf. Ein Teil des Lahnparks ist die Lahnauenlandschaft bei Wetzlar-Dutenhofen. Um dorthin zu gelangen, parken Sie einfach am Dutenhofener Bahnhof Ihren Wagen und überqueren die Brücke über die Bundesstraße. Dort angekommen, treffen Sie auf ganz unterschiedliche Lebensräume: von Auenwiesen und Auenwäldern über Flachwassergebiete und Verlandungszonen, Steilufer und Nasswiesen bis hin zu Kiesbänken, Teichen und Tümpeln. Sie alle sind die Heimat zahlreicher Tier- und vor allem Vogelarten. Daher sind die Lahnauen bereits seit dem Jahr 1997 als Schutzgebiet ausgewiesen. Auf einer Fläche von insgesamt 215 Hektar haben Besucher die Möglichkeit, einen Blick auf seltene Tiere wie den Wachtelkönig, den Kiebitz, die Kreuzkröte oder den dunklen Wiesenknopf-Ameisenbläuling, einen Schmetterling, zu erhaschen. Zugvögel wie etwa Kraniche machen hier alljährlich zu Hunderten Rast. Auch seltene Pflanzen wie der Teufelsabbiss und der Langblättrige Ehrenpreis lassen sich in dieser Umgebung entdecken. Um den Artenreichtum aufrechtzuerhalten, werden die Mähzeiten an Pflanzen und Tiere angepasst. Besucherströme werden dabei gelenkt, sodass Wiesenvögel in der Brutzeit nicht gestört werden. Teil der Lahnauen ist auch der Dutenhofener See, der mit ca. 36 Hektar größte Badesee in Wetzlar, in dem auch geangelt werden darf. Er umfasst drei malerische kleine Inseln. Lassen Sie sich in diesem Naturschutzgebiet einfach treiben und genießen Sie die Natur!

Lahnauen · Rund um die Uhr geöffnet · Haltestelle: Bahnhof Dutenhofen

50 ERHOLUNG PUR IN MARBURG!

Am nördlichen Rand des Rhein-Main-Gebiets finden Sie inmitten der quirligen Studentenstadt Marburg im oberhessischen Bergland eine kleine Oase der Ruhe. Das Luxushotel VILA VITA Rosenpark ist gleichzeitig hip und im Stil eines Grandhotels gehalten. Klingt nach einer verrückten Mischung? Verrückt schon, aber cool!

Die kurze Auszeit kann so nah sein … Im VILA VITA Rosenpark können Sie sich entweder mit Tagesticket oder gleich für ein paar Tage mit Übernachtung treiben lassen. Der Spa-Bereich ist nicht weniger als 1000 Quadratmeter groß und bietet alles, was das Wellness-Herz begehrt. An der Spa-Rezeption erhalten Sie einen Bademantel und zwei Handtücher – alles, was Sie benötigen, um einen entspannten Tag zu verbringen. Ein großer Pool wartet mit zahlreichen Liegen und einem Lichterhimmel auf. Hier fühlen sich vor allem Familien wohl. In den textilfreien Bereich können jedoch nur Besucher ab 16 Jahren. Durch eine Milchglastür betreten Sie den ersten Ruheraum, der ans Spa angrenzt. Gemütliche Sitzecken laden zum Entspannen ein, eine Ecke mit Tee, Wasser und Obst sorgt dafür, dass Sie stets hydriert und mit Vitaminen versorgt sind. Hier können Sie auch Essen aus dem hoteleigenen Restaurant bestellen. Das Angebot des Spa-Bereichs ist recht groß. Gäste können zwischen einer finnischen 90-Grad-Sauna und einer 60-Grad-Biosauna wählen oder die angenehme Wärme im Dampfbad genießen. Wer sich zwischendrin abkühlen möchte, kann natürlich einfach kalt duschen. Aber im VILA VITA Spa können Sie alternativ auch in die Schneekabine gehen. Dieser Raum ist auf -10 Grad heruntergekühlt. Am Boden liegt Schnee, die Wände sind mit dickem Eis belegt, und von der Decke hängen Eiszapfen. Das ist eine echte Abkühlung! Auch Infrarotsitze stehen bereit. Zwischen den Saunagängen können Sie sich auf einer der zahlreichen Liegen ausruhen oder beispielsweise den Fußmassageweg ablaufen. Dieser soll belebend wirken. Wer sich etwas mehr gönnen möchte, kann den Aufenthalt im Spa mit einer Massage oder einem Beauty-Treatment verbinden. So tun Sie Körper und Geist etwas Gutes!

VILA VITA Marburg · Mo–So 7–21 Uhr · Anneliese-Pohl-Allee 7–17 · 35037 Marburg · www.rosenpark.com · Haltestelle: Marburg Bahnhofstraße

SCHNEEKABINE

MAL WIEDER ZEIT FÜR KULTUR!

51 EIN TEMPEL FÜR ALLE MENSCHEN

An Glaubensrichtungen mangelt es wahrhaftig nicht. Es gibt Christen, Muslime, Juden, aber auch Anhänger zahlreicher anderer Religionen. Eine weltweit verbreitete und damit universale Religion ist das Bahaitum, das erst Mitte des 19. Jahrhunderts gegründet wurde.

Die Lehren des Bahai-Glaubens gehen zurück auf den persischen Gründer Bahá'u'lláh. Dieser wollte Mitte des 19. Jahrhunderts die geistige Grundlage für ein Modell eines friedliebenden, weltweiten Zusammenlebens schaffen. Dieses Konzept sollte für alle Menschen der Welt gelten, unabhängig von ihrer ethnischen Zugehörigkeit, von territorialen und politischen Grenzen. Im Kern dieser Idee steht die Überzeugung, dass wir alle »die Blumen eines Gartens, die Blätter eines Baumes« sind. Wir sollen in Vielfalt nach Einheit streben, denn die Unterschiede rechtfertigen weder Streit noch Kriege. Stattdessen sollen sie eine Quelle der Freude sein. Die Gotteshäuser des Bahai-Glaubens heißen Häuser der Andacht und stehen Menschen aller Glaubensrichtungen und Nationalitäten offen, um gemeinsam dem Schöpfer zu gedenken. Insgesamt gibt es acht davon, die rund um den Globus Menschen zusammenbringen. Eines steht im Hofheimer Stadtteil Langenhain. Hier wird aus allen heiligen Schriften gelesen, gesungen, gebetet. Der Bau dient dem Ausdruck der Liebe zwischen Gott und dem Menschen. Hier herrscht Stille, um in sich zu gehen und zu meditieren. Jedes Haus der Andacht hat seine eigene, unverwechselbare Architektur, die geprägt von der Kultur und Landschaft des Landes ist, in dem es sich befindet. Alle haben sie jedoch neun Eingänge und eine zentrale Kuppel, was die Offenheit für alle Menschen und die Einheit der Religionen und schlussendlich der Menschheit symbolisieren soll. Der runde Kuppelbau ist von einem Park mit Bäumen, Wegen, Sträuchern und Blumen umgeben und wird nach ökologischen Richtlinien bewirtschaftet. So wie alle Menschen willkommen sind, sind auch alle Tiere willkommen. Dafür wurden etwa Nistkästen aufgehängt. Im Frühling herrscht daher ein reges Treiben von Vögeln und Insekten.

Bahai Tempel · April–Okt. tgl. 9–20, Nov.–März tgl. 9–18 Uhr · Eppsteinerstr. 89 · 65719 Hofheim · www.bahai.de · Haltestelle: Hofheim am Taunus Langenhain Siedlung

FACHWERKLIEBE SEIT DEM JAHR 1484

52

Amerikaner stehen nicht selten mit offenem Mund vor dem historischen Rathaus von Michelstadt. Denn das Rathaus ist nicht einfach nur ein spätgotisches, von spitzen Erkertürmchen flankiertes Fachwerkhaus. Es ist acht Jahre älter als die Entdeckung des amerikanischen Kontinents. Noch dazu ist es eines der Wahrzeichen des Odenwalds. Die originale Datierung – 1484 – können Besucher in gotischen Ziffern an einem der nördlichen Pfosten erkennen. Die Erdgeschosshalle war ursprünglich gänzlich offen und mit mächtigen Eichenpfeilern frei stehend angelegt. Es ist schon ein besonderes Bauwerk, und so ist es nicht verwunderlich, dass es zu den wichtigsten Kulturdenkmälern des Spätmittelalters in Deutschland gezählt wird.

Michelstädter Rathaus · Marktplatz 1 · 64720 Michelstadt · www.michelstadt.de · Haltestelle: Michelstadt Historisches Rathaus

EIN ORT KULTURELLER SCHÖPFUNG

53

Sie liegt ein wenig versteckt in einem Tal im Odenwald im Dreiländereck zwischen Hessen, Bayern und Baden-Württemberg. Die Burg Wildenberg ist zwar nur noch eine Ruine, aber das macht sie umso romantischer. Angeblich hat Wolfgang von Eschenbach hier um das Jahr 1200 Teile seines Versromans *Parzival* verfasst. Zerstört wurde die Burg von dem sogenannten Hellen Haufen – Bauern des fränkischen Reichsritters Götz von Berlichingen, der Vorbild für die Hauptfigur in Goethes gleichnamigem Drama war. Zu sehen ist heute nur noch die Kernburg mit dem Bergfried und einem Torturm sowie die Kapelle mit Apsiskeller im Obergeschoss. Obwohl sie nach dem Bauernkrieg nicht wieder aufgebaut wurde, gilt die Burg Wildenberg als eine der am besten erhaltenen Burgen aus der Stauferzeit in Süddeutschland.

Burg Wildenberg · Dorfstr. 4 · 63931 Kirchzell · www.kirchzell.de · zu Fuß erreichbar ab Waldmuseum Watterbacher Haus

54 HESSENS WOHL SCHÖNSTE KIRCHE

Majestätisch und farbenfroh thront er auf einem Kalkfelsen oberhalb der Altstadt und ist mit seinen sieben Türmen wahrlich imposant. Kein Wunder also, dass der Limburger Dom bei einer Abstimmung des Hessischen Rundfunks zur schönsten Kirche Hessens gewählt wurde.

Wann genau die erste Kirche über dem Lahntal erbaut wurde, ist nicht ganz klar. Archäologische Funde und ein Dokument sprechen dafür, dass es bereits im 9. Jahrhundert eine Kirche des heiligen Georg gegeben haben soll. Der heutige Bau wurde 1235 geweiht. Damals beherrschten nur wenige Menschen das Lesen, sodass die Architektur voller symbolischer Elemente ist. Die sieben Türme stehen zum Beispiel für die sieben heiligen Sakramente. Der Dom ist in vielerlei Hinsicht einzigartig, so ist er beispielsweise auf mehreren Ebenen begehbar. In den Arkaden fanden im Mittelalter sogar Prozessionen statt. Der Innenraum soll die Stadt Jerusalem symbolisieren. Das Hauptschiff stellt dabei die Hauptstraße der heiligen Stadt dar, Seitenschiff sowie Empore die Häuser ihrer Bürger. Insgesamt läuten hier neun Glocken. Die älteste ist so alt wie der Dom selbst. Sie heißt Sturmglocke, wird aber kurz »Sterm« genannt. Auch wenn sie nur knapp 300 Kilo wiegt, wird sie nur selten geläutet. Zum Beispiel lässt sich ihr Klang in der Karwoche vernehmen. Sieben der neun Glocken befinden sich im Südturm des Doms. Sollte Ihnen die Silhouette des Kirchenbaus bekannt vorkommen, kann es an zwei Dingen liegen: Vielleicht denken Sie an den alten 1000-DM-Schein. Zwischen 1964 und 1992 zierte ihn der Limburger Dom, bis er mit der vierten und letzten Serie an DM-Scheinen ersetzt wurde. Andernfalls kann es auch sein, dass Sie die Sonderbriefmarke zum 750-jährigen Jubiläum des Limburger Doms in Händen hielten, die am 7. Mai 1985 von der Deutschen Bundespost herausgegeben wurde. Sie wurde sogar vom Weltpostverein zur schönsten Briefmarke der Welt gekürt.

Die einstündige Domführung findet ein- bis zweimal täglich statt (außer montags), und Sie können ohne Voranmeldung teilnehmen.

Limburger Dom · Sommerzeit 8–19, Winterzeit 9–17 Uhr · Domplatz 4 · 65549 Limburg · www.dom.bistumlimburg.de · Haltestelle: Limburg (Lahn) Eschhöfer Weg

EIN LUSTSCHLOSS ALS SOMMERREFUGIUM

55

Unweit des Mains im Seligenstädter Stadtteil Klein-Welzheim wartet ein Kleinod aus den ersten Jahren des 18. Jahrhunderts auf Besucher. Hier erhebt sich eine als Lustschloss angelegte Wasserburg, die wahrscheinlich einen älteren Bau an gleicher Stelle ersetzte, der wohl im Dreißigjährigen Krieg zerstört worden war.

Zwischen 1700 und 1705 ließ der Seligenstädter Abt Franziskus II. Blöchinger die heutige Wasserburg errichten. Sie wurde 1708 eingeweiht und sollte als Gartenhaus der Benediktinerabtei für höfische Feste, als Sommerrefugium und Jagdschloss der Äbte genutzt werden. Kleine Anlagen dieser Art, die privaten Vergnügungen dienten, nannte man Lustschlösser. Graben, Zugbrücke und die vier kleinen Ecktürme folgen dem typischen Muster spätmittelalterlicher Burgen. Anspielungen auf die damals übliche Festungsarchitektur wurden vermieden. Die Fassade ist für Lustschlösser dieser Zeit nicht typisch. Über dem Eingang steht »Dies Haus steht in Gottes Hand / zur Wasserburg ist es genannt.« Der Bau war von einer barocken Parkanlage mit Lust- und Nutzgarten, Fischteichen und Obstplantagen umgeben. Vom Garten, der damals für die Öffentlichkeit zugänglich war, sind heute nur noch Reste erkennbar. Der Wassergraben sowie die Burg selbst sind hingegen gut erhalten. Der Graben war wohl für die ältere Burg geschaffen worden, die zuvor dort gestanden hatte. Ob es sich bei dem Vorgängerbau um das 1266 urkundlich erwähnte *castrum* handelte, ist unklar. Das heutige Anwesen ging kaum 100 Jahre nach seiner Gründung während der Säkularisation in den Besitz des Landes über und ist seit 1972 in privater Hand. Es wurde denkmalgerecht restauriert und ist heute Ausgangspunkt des »Kulturradwegs Kurmainzer Herz« des Regionalparks Rhein-Main. Das Schloss kann über eine Zugbrücke erreicht werden, ist aber leider von innen nicht zu besichtigten.

Vor Sonnenuntergang ist die Rückseite des Schlosses besonders schön zu fotografieren. Die Spiegelung macht jedes Foto zu einem kleinen Kunstwerk!

Wasserburg Seligenstadt · Außenliegend Sel 1000 · 63500 Seligenstadt · www.regionalpark-rheinmain.de · Haltestelle: Seligenstadt Hörsteiner Weg

56 PANORAMABLICK IM NAMEN DES KREUZES

Auf 320 Metern Höhe erhebt sich im Osten von Bad Camberg die Kreuzkapelle. Sie ist das Wahrzeichen des sogenannten Goldenen Grundes und der Stadt. Von hier haben Sie einen guten Rundumblick und können einen herrlichen Sonnenuntergang erleben.

Damals noch in Form eines Achtecks, wurde die Bad Camberger Kapelle 1682 als Einsiedelei errichtet. Die Form eines griechischen Kreuzes, die das Kirchlein heute prägt, erhielt sie erst durch eine Erweiterung im Jahr 1725. Bis dahin gab es nur die Krypta, die der Verehrung des heiligen Grabes bzw. der Kreuzreliquie gilt, und den Chor. Der Weg von der Bundesstraße zur Kapelle führt durch eine prächtige Allee. Im rechten Winkel zur Allee zweigt der Kapellenweg links hinab nach Bad Camberg. Begleitet werden Sie hier

von einem Kreuzweg. Die Tafeln, durch die Sie die Passion Christi nachvollziehen können, stammen ursprünglich aus der Zeit der Erweiterung der Kirche. Da die Bildstöcke aber mittlerweile stark verwittert sind und geschützt werden müssen, stehen die Originale aus der Hadamarer Bildhauerschule in der Krypta der Kreuzkapelle, während am Wegesrand Nachbildungen aufgebaut wurden. Die Kirche steht zum einen unter Denkmalschutz, zum anderen hat sie aber auch den Schutzstatus für den Kriegsfall nach der Haager Konvention. Viele Menschen aus Bad Camberg verbinden mit der Kirche ein starkes Heimatgefühl, da sie schon von Weitem sichtbar ist und auch im Logo der Stadt einen Platz gefunden hat. In den Sommermonaten – da es keine Heizung gibt, bleibt die Kirche während der Wintermonate geschlossen – sind ihre Türen und Tore jeden Sonn- und Feiertag geöffnet, um allen einen Ort zum Beten oder Meditieren zu bieten. Texte liegen zur Anregung bereit. Ansprechpartner geben Informationen zu den Heiligenfiguren im Innenraum oder den Charakteristika des Gebäudes. So ist die Kreuzkapelle in der Umgebung auch als ein Ort der Begegnung bekannt und beliebt.

Kreuzkapelle Bad Camberg · Kapellenstraße · 65520 Bad Camberg · www.bad-camberg.de · Haltestelle: Bad Camberg Obertor

57 RENAISSANCEPRACHT AM RHEIN

Mitte des 19. Jahrhunderts wurde Mainz erweitert. Man plante die sogenannte Neustadt am nördlichen Rand der Altstadt. Es traf sich gut, dass die 1802 gegründete evangelische Gemeinde von Mainz zur selben Zeit über den Bau einer neuen Kirche nachdachte, da die alte inzwischen zu klein geworden war.

Die mächtige Kuppel der evangelischen Christuskirche überragt alle anderen Kirchen und Gebäude der Innenstadt. Sie ist sogar höher als ihr katholisches Pendant, der Mainzer Dom, wenn auch nur einen halben Meter. Der Mainzer Stadtbaumeister Kreyßig hatte das Gotteshaus im Stil der Hochrenaissance entworfen. Wer sie betrachtet, denkt daher vielleicht auch an den Petersdom in Rom mit seiner noch imposanteren Kuppel. Diese Ähnlichkeit spaltete seinerzeit die Meinung von Öffentlichkeit und Presse, da der Bau für einige zu katholisch ausgefallen war. Andere hingegen lobten ihre glanzvolle Würde. Die Christuskirche wird von einem Prachtboulevard flankiert, der den Übergang von der Altstadt zur Neustadt markieren sollte. Der Neubau wurde unmittelbar zu einem neuen Wahrzeichen der Stadt und bestimmt maßgeblich das Uferpanorama des Rheins. Der Baumeister selbst erlebte die Fertigstellung nicht mehr. Sein schwedischer Bauleiter stellte das Gotteshaus nach den Entwürfen des Meisters, wenn auch in vereinfachter Form, fertig. Die Weihe fand am 2. Juni 1903 statt – fünf Jahre nach Kreyßigs Tod. Die Kirche stand jedoch kaum mehr als 50 Jahre. Im Zweiten Weltkrieg wurde sie stark beschädigt und brannte komplett aus. Ab 1951 wurde sie jedoch wieder aufgebaut und 1954 neu geweiht. Wenn Sie sich selbst ein genaueres Bild machen möchten, können Sie den Monumentalbau in Form eines griechischen Kreuzes und die Kuppel im Rahmen einer Führung besuchen. Nur zur Brutzeit der Turmfalken ist der Zugang zur Kuppel gesperrt.

Entlang des Boulevards und um die Christuskirche herum stehen Kirschbäume, die dem Bau zur Blütezeit einen farbenprächtigen Rahmen verleihen.

Christuskirche Mainz · Di–Do 9–18, Fr 12–18, Sa, So, feiertags 11–18 Uhr · Kaiserstr. 56 · 55116 Mainz · www.christuskirche-mainz.de · Haltestelle: Mainz Kaisertor/Stadtbibliothek

58 MAHNMAL FÜR UMGANG UNTER GESCHWISTERN

Auf den ersten Blick ist sie Rheinromantik pur: eine Ruine, die über Bacharach und dem Rheintal thront. Eingebettet in Weinberge und Hügel, sieht die Wernerkapelle aus, als wäre sie genau so geplant worden. Aber die Kapelle blickt auf eine lange und dunkle Geschichte zurück.

Im Jahr 1293 begann der Bau der gotischen Wernerkapelle. Zuvor stand an gleicher Stelle eine Kirche, die dem heiligen Kunibert geweiht war. Nachdem 1287 der 16-jährige Werner von Oberwesel tot am Rhein aufgefunden worden war, und der jüdischen Bevölkerung Ritualmord und Hostienfrevel vorgeworfen worden waren, kam es zu einer blutigen Judenverfolgung am Mittelrhein. Der Leichnam des Jungen wurde an der Kunibertkapelle begraben, die sich bald zu einem Ziel für Wallfahrer entwickelte. Aus den Beiträgen

jener Pilger begann man dann die Wernerkapelle zu errichten. Fertiggestellt wurde sie jedoch erst 1426, da zwischendrin das Geld ausgegangen war. Sie stand nur rund 250 Jahre in ihrer vollendeten Form. Denn bei der Sprengung der oberhalb der Wernerkapelle gelegenen Burg Stahleck 1689 fielen Trümmer auf den Bau, sodass er stark beschädigt wurde. Wegen Bergrutschgefahr mussten im folgenden Jahrhundert weitere Teile abgetragen und dann alle Dächer und Gewölbe entfernt werden. Kurz darauf kam die Rheinromantik auf, eine schwärmerische Sichtweise auf Landschaft und Kultur rund um den Rhein und vor allem das Mittelrheintal. Zu dieser Zeit stieg die Wernerkapelle zur edelsten aller Ruinen auf. Maler und Dichter reisten hierher, um sich inspirieren zu lassen. Wer also die Ruine der Wernerkapelle besichtigt, befindet sich in guter Gesellschaft: Victor Hugo bezeichnete sie als »prächtiges Gerippe«, und Heinrich Heine setzte der Wernerlegende in seiner Erzählung *Der Rabbi von Bacherach* ein Denkmal. Seit Mitte der 1990er-Jahre des 20. Jahrhunderts steht an der Ruine eine Tafel. Sie soll als Mahnmal zum geschwisterlichen Umgang zwischen Christen und Juden dienen.

Wernerkapelle · Mo–Sa 9–18 Uhr · 55422 Bacharach · www.bacharach.de · Haltestelle: Bacharach

DAS KRONJUWEL GOTTES IN GELNHAUSEN

59

Gelnhausen wurde 1170 von Friedrich I., besser bekannt als Barbarossa, gegründet. Direkt nach der Gründung der Stadt musste eine Kirche her, und so begann man mit dem Ausbau des bestehenden einschiffigen und turmlosen Gotteshauses des Selbolder Klosters.

Die Marienkirche wurde 1223 in einer päpstlichen Urkunde zum ersten Mal schriftlich erwähnt. 1170 hatte man mit dem Bau des Westturms, dem ersten von fünf Türmen, der auch gleichzeitig ein Glockenturm ist, und dem Ausbau der einschiffigen Kirche zu einer dreischiffigen Basilika begonnen. Die Nordseite lag damals an der wichtigen Handels- und Militärstraße Via Regia zwischen Frankfurt und Leipzig, die auch Hohe Straße genannt wurde und unter besonderem Friedensschutz stand. Auch Pilger tummelten sich auf diesem Weg. Die Ausbauarbeiten setzten sich bis zum Jahr 1500 fort, und so kam es, dass das prächtige Gebäude stilistisch durch einen Übergang von der Romanik zur Gotik geprägt ist. Kurz darauf wurde die Marienkirche durch einen Vertrag mit der Stadt ein evangelisches Gotteshaus. Es überstand den Dreißigjährigen Krieg und trotzte allen Widrigkeiten. Dennoch nagte der Zahn der Zeit an der Kirche. Die fünf Türme boten einen traurigen Anblick. Das Mauerwerk wurde von Steinfraß zerstört, der Dachstuhl drohte einzustürzen. Eine 13-jährige Restaurierungsphase war nötig, um den Sakralbau wieder in Schuss zu bringen. Heute ist er ein Kulturdenkmal nationalen Ranges. Sie können sogar die originalen Fenster aus dem 13. Jahrhundert bestaunen, die nach der Jahrtausendwende restauriert wurden. Auch sonst ist das Wahrzeichen von Gelnhausen schlicht ein imposantes Stück Architektur, das von Weitem wie von Nahem verzaubert. Von den Einwohnern von Gelnhausen wird es liebevoll »Kronjuwel Gottes« genannt.

Den besten Blick auf die Marienkirche und die Altstadt allgemein haben Sie vom Stadtgarten aus. Über die Eselstreppchen gelangen Sie zur Oberstadt!

Marienkirche Gelnhausen · Tgl. 9.30–17.30 Uhr · Braugasse 1 · 63571 Gelnhausen · www.marienkirchegelnhausen.de · Haltestelle: Gelnhausen Untermarkt

60 WAHRZEICHEN DER INGENIEURBAUKUNST

Die 744 Meter lange und 14 Meter breite Nibelungenbrücke verbindet das rheinland-pfälzische Worms mit den hessischen Städten Lampertheim und Bürstadt. Auf der Wormser Rheinseite erhebt sich eine imposante Sehenswürdigkeit: Der 53 Meter hohe Nibelungenturm ist das repräsentative Eingangstor zur Stadt.

Ein Fährbetrieb ist in Worms für das Jahr 858 erstmals urkundlich belegt. In diesem Dokument bestätigt Ludwig der Deutsche, König des Ostfrankenreichs, die Schifffahrtsrechte des Klosters Lorsch. Eine Brücke wurde erst 1720 zum ersten Mal angedacht, als der Bischof von Worms seine rechtsrheinischen Hoheitsgebiete besser anbinden wollte. Er setzte seine Idee nie um. Spätere Pläne wurden durch die Französische Revolution auf Eis gelegt. Es sollte noch bis 1855 dauern, bis eine Schiffsbrücke eingeweiht wurde. Weitere 45 Jahre später wurde die Ernst-Ludwig-Brücke gebaut, die die erste feste Brücke über den Rhein war. Sie stand von 1900 bis 1945, als sie im Zweiten Weltkrieg zerstört wurde. Von 1951 bis 1953 wurde sie als erste Spannbetonbrücke über den Rhein neu errichtet und heißt seitdem Nibelungenbrücke. Sie revolutionierte eine neue Bauweise – den Freivorbau – und gilt als Juwel der Ingenieurbaukunst. Sie wurde als historisches Wahrzeichen ausgezeichnet. Der monumentale Turm auf der Wormser Seite der Brücke stammt wie die Ernst-Ludwig-Brücke aus dem Jahr 1900. Er wurde zusammen mit einem Zwillingsturm gebaut, der auf der anderen Seite der Brücke stand. Der Turm auf der hessischen Seite wurde jedoch im Zweiten Weltkrieg ebenfalls zerstört und nie wieder aufgebaut. Der Turm ist der Mainzer Pforte nachempfunden und verfügt oberhalb der Fahrbahn über acht Etagen. Zwei Etagen davon dienten früher als Dienstwohnungen für die Brückenwärter, während sie heute vom Verband Christlicher Pfadfinderinnen und Pfadfinder genutzt werden. Seitlich gab es früher Kassenhäuschen, die später nicht mehr benötigt wurden. Daher wurde ein Durchbruch gemacht, sodass es stattdessen heute einen Fuß- und Radweg zu beiden Seiten der Fahrbahn gibt.

Worms Nibelungenbrücke · Am Rhein 1 · 67549 Worms · www.worms-erleben.de · Haltestelle: Worms Rheinpromenade

61 SCHAURIG-SCHÖNE MYTHEN AUF DER BURG

Wer kennt sie nicht? Die Geschichte von Viktor Frankenstein und seinem Monster … Womöglich hat Mary Shelley sich von den Gerüchten rund um Johann Konrad Dippel und die Burg Frankenstein inspirieren lassen, auch wenn es für diese These keine eindeutigen Beweise gibt.

Wann genau die Burg Frankenstein gebaut wurde, ist nicht klar. Zum ersten Mal erwähnt wurde sie 1252. In diesem Jahr heirateten Konrad II. Reiz von Breuberg und Elisabeth von Weiterstadt. Daraus entstand das neue Adelsgeschlecht der Herren von Frankenstein. Gegen 1400 wurden einige Erweiterungen der Burg vorgenommen, nachdem der Einfluss der Familie gestiegen war. Kurz darauf machten sie sich von den Grafen von Katzenelnbogen unabhängig. Ende des 17. Jahrhunderts ging der Besitz an den Landgrafen Ludwig VI. von Hessen-Darmstadt über. Dieser kümmerte sich jedoch nicht um die Burg, sodass sie nach und nach verfiel. Mauern und Keller wurden zerstört, um einen Schatz zu finden, der angeblich hier versteckt war. Ein solcher wurde aber nie gefunden. Außerdem wurde die Burg als Steinbruch missbraucht, bis nicht mehr viel von ihr übrig war. In dieser Zeit kam ein Mann auf der Burg Frankenstein zur Welt, der Johann Konrad Dippel genannt wurde. Er war Theologe, Arzt und Alchimist, galt aber bei der Bevölkerung als Hexenmeister. Man glaubte, er habe einen Pakt mit dem Teufel geschlossen. Angeblich habe er in seinem Labor auf der Burg Frankenstein Experimente an Leichen und Jungfrauen durchgeführt und einen neuen Menschen erzeugen wollen. Dem Mythos zufolge war er erfolgreich und das erschaffene Monster treibe noch immer sein Unwesen in den Wäldern rund um die Burg. Von ebendieser Legende haben die Gebrüder Grimm erfahren, die stets auf der Suche nach Stoff für ihre Märchen waren. In einem Brief an ihre englische Übersetzerin schilderten die Gebrüder Grimm, was sie gehört hatten. Diese Übersetzerin war die Stiefmutter von Mary Shelley. Im Folgejahr besuchte die Familie bei einer Deutschlandreise auch die Burg Frankenstein, und zwei Jahre später veröffentlichte Mary Shelley *Frankenstein, der neue Prometheus*.

Burg Frankenstein · Tgl. 11 Uhr–Sonnenuntergang · 64367 Mühltal · Haltestelle: Mühltal-Nieder-Beerbach Untergasse

EINGANG ZUM OBEREN MITTELRHEINTAL

62

Vom Niederwalddenkmal ist die Burgruine Rossel nur einen kurzen Spaziergang von rund 20 Minuten entfernt. Sie wurde im 18. Jahrhundert von Graf Johann Friedrich Karl Maximilian von Ostein errichtet, als der Niederwald zu einem Landschaftspark umgestaltet wurde.

Die Rossel ist eine künstlich angelegte Burg, die als Teil des Landschaftsparks Niederwald ein Ausflugsziel für die Gäste des Grafen sein sollte. Ihr Hauptturm ist rund fünf mal fünf Meter breit und hat eine vorgelagerte Terrasse. Von dort haben Besucher einen herrlichen Ausblick: Zu ihren Füßen erstreckt sich nämlich das Rheintal, direkt gegenüber fließt die Nahe in den Rhein. Die Nahemündung gilt als Grenze zwischen dem Mittelrhein und dem Oberrhein. Hier beginnt also das Oberrheintal, das seit 2002 auf der Liste der UNESCO-Welterbestätten steht. Auch das Binger Loch mit dem Mäuseturm auf der kleinen Insel können Sie ausmachen. Der Mäuseturm wurde als Zollwachturm erbaut, um die Burg Ehrenfels zu stärken. Um den Turm rankt sich eine schaurige Legende. Laut dieser soll er vom Mainzer Erzbischof Hatto II. erbaut worden sein, der als besonders hartherzig galt. Als eine Hungersnot ausbrach, verweigerte er den Armen jegliche Hilfe und wollte sie dem Hungertod überlassen. Aus Verzweiflung bettelten sie immer weiter, und so sperrte der grausame Erzbischof sie in eine Scheune ein, die er anzünden ließ. Als er sich über die Sterbenden lustig machte, sollen unzählige Mäuse erschienen sein, die begannen, ihn zu jagen. Er floh auf die Insel mit dem Wachturm, doch auch dort erreichten ihn die Mäuse, um ihn bei lebendigem Leib aufzufressen – daher die Namen Mäuseinsel und Mäuseturm. Zuletzt können Sie auch die etwas tiefer gelegene Burg Ehrenfels sehen. Sie wurde nicht künstlich angelegt, sondern tatsächlich genutzt. Sie diente als Zollburg über den Rhein, und mit ihr wurde der Schiffsverkehr kontrolliert. Ein Ausflug zur Burgruine Rossel lässt sich auch wunderbar mit einem Besuch des Jagdschlosses Niederwald verbinden, das nur rund zehn Gehminuten entfernt ist.

Burgruine Rossel · 65385 Rüdesheim am Rhein · www.rheingau.de · Haltestelle: RB Rüdesheim (Rhein)-Assmannshausen Bahnhof

63 DAS WOHL BELIEBTESTE BAUWERK HESSENS

2009 führte der Hessische Rundfunk eine Befragung durch, bei der Schloss Auerbach zum beliebtesten Bauwerk Hessens gewählt wurde. Kein Wunder! Die romantische Ruine liegt malerisch auf dem Auerberg und bietet einen herrlichen Blick ins Tal und auf den Berg Melibokus.

Auf einer Schildmauer steht eine Waldkiefer. Sie ist sieben Meter hoch und mehr als 300 Jahre alt. Der markante Baum, der sogar mal eine Ausgabe einer Sammelteller-Serie zierte, wächst in den luftigen Höhen des Auerbacher Schlosses. Die Ruine lässt die Grundform der ursprünglichen Kernburg noch klar erkennen. Der Ort Auerbach wurde 784 das erste Mal urkundlich erwähnt, damals noch unter dem Namen Urbach. Was in den 250 Jahren danach geschah, ist über weite Strecken ungewiss. Die Aufzeichnungen beginnen erst wieder, als 1135 Teile der Bergstraße an das Adelsgeschlecht von Katzenelnbogen gingen. Die Grafschaft Katzenelnbogen erbaute daraufhin im 13. Jahrhundert die Burg. Eine uneinnehmbare Anlage war geplant, die beispielsweise auch den Wegzoll sichern sollte. 1479 starb der letzte Graf der Katzenelnbogens, sodass das Schloss an die Landgrafschaft Hessen überging. Es verlor nach und nach an Bedeutung und wurde selbst im Dreißigjährigen Krieg nicht militärisch genutzt. 1674 wurde die Burg in Brand gesetzt und verfiel in den Folgejahren zur Ruine, die sich noch heute auf dem Auerberg erkunden lässt. Nachdem 1820 einer der Türme der Kernburg eingestürzt war, fing man an, das Ensemble zu sichern. 1888 wurde ein Gasthof einrichtet, der rund 100 Jahre später zu einem Aussichtsrestaurant umgestaltet wurde. Nicht nur, damit Besucher von dort den herrlichen Blick auf die Rheinebene genießen können. Sie erhalten dort auch einen Einblick ins Mittelalter. In der mittelalterlichen Erlebnisküche gibt es zünftige Rittermahle und anschließend ein Ritterturnier oder eine Feuershow, um das Mittelalter-Feeling zu perfektionieren.

Wenn Sie den Besuch auf der Burg mit einer Wanderung kombinieren möchten, laufen Sie doch einfach den Auerbacher Schlossweg!

Auerbacher Schloss · Mi–So 11–17 Uhr · Außerhalb 2 Auerbach · 64625 Bensheim-Auerbach · www.schloss-auerbach.de · Haltestelle: Auerbach Bahnhof

DAS VERMÄCHTNIS DER HEILIGEN HILDEGARD

64

Malerisch liegt mitten in den Weinbergen über Rüdesheim die neoromanische Benediktinerabtei St. Hildegard. Idyllischer könnte die Szenerie kaum sein. Doch der Schein trügt: Das Kloster und der Orden blicken auf eine bewegte Vergangenheit zurück.

Hildegard von Bingen war eine Universalgelehrte des 12. Jahrhunderts, die dem Benediktinerorden angehörte. Sie gründete auch zwei Klöster: das Kloster Rupertsberg an der Nahemündung und das Kloster Eibingen bei Rüdesheim, das zuvor ein Augustiner-Doppelkloster gewesen war. Bis zu ihrem Tod im Jahr 1179 kümmerte sie sich als Leiterin um beide Anwesen. Danach wechselten sich Blütezeiten mit Zeiten des Niedergangs ab. Im Dreißigjährigen Krieg wurde das Kloster Rupertsberg zerstört, und die Nonnen flohen in ihr Schwesternkloster in Eibingen. Während der folgenden 150 Jahre wurde das Kloster von Hungersnöten, der Pest und Kriegen heimgesucht, bis es im Zuge der Säkularisation aufgehoben wurde. Die Pfarrgemeinde übernahm das Kloster, und die Reliquien der heiligen Hildegard wurden in die Pfarrkirche überführt, wo sie bis heute ruhen. Fast genau 100 Jahre später, am 17. September 1904, gründeten zwölf Benediktinerinnen eine Abtei an der Stelle des alten Klosters Eibingen, das in der Nachfolge der beiden Gründungen der heiligen Hildegard steht. Es wurde im neuromanischen Stil errichtet und wird daher häufig für deutlich älter gehalten, als es in Wirklichkeit ist. Aber auch das 20. Jahrhundert brachte weitere schwere Zeiten mit sich. Im Jahr 1941 wurden die Schwestern von der Gestapo aus ihrem Kloster vertrieben und konnten erst nach Kriegsende zurückkehren. Heute besteht die Abtei aus 42 Ordensschwestern, die den Unterhalt der Gemeinschaft mit dem Klosterweingut, dem Klosterladen, Kunstwerkstätten und einem Gästehaus verdienen. Auch Wallfahrer und Pilger kommen zum Schrein der heiligen Hildegard, der sich weiterhin in der Pfarrkirche von Eibingen befindet, aber von den Schwestern des Klosters betreut wird.

Abtei St. Hildegard · Tgl. 7–18 Uhr · Klosterweg 1 · 65385 Rüdesheim am Rhein · www.abtei-st-hildegard.de · Haltestelle: Rüdesheim (Rhein) Abtei St. Hildegardis

65 EIN SPANNENDER BLICK IN DIE URZEIT

Einen Einblick in 48 Millionen Jahre Erdgeschichte erhalten Sie gleich um die Ecke von Darmstadt. Lange war nicht klar, welchen Schatz die Grube Messel birgt. Beinahe wäre sie zu einer Mülldeponie geworden. Doch am Ende entstand ein Ort der Forschung und Lehre.

Ab 1859 wurde an der heutigen Grube Messel zuerst Erz, dann Braunkohle und zuletzt Ölschiefer abgebaut. Dieser wurde von der Gewerkschaft Messel verschwelt, um daraus Erdöl zu gewinnen. 1971 wurde die Grube jedoch geschlossen, da die Mineralölgewinnung zunehmend unrentabel wurde. Der Ölschiefer wurde also nicht mehr benötigt. Bei den Abbauarbeiten waren immer wieder Fossilien gefunden worden, was private Wissenschaftler und Fossiliensammler auf den Plan rief. Zum Zeitpunkt der Schließung war man in

Südhessen gerade auf der Suche nach einem Standort für eine Mülldeponie, und die Grube Messel erfüllte alle Kriterien. Doch durch die vielen Funde von Fossilien schaltete sich das Senckenberg Forschungsinstitut ein und beauftragte wissenschaftliche Untersuchungen. Nun wurde die Bedeutung der Grube Messel klar, es folgte ein bürokratischer und politischer Kampf, der 20 Jahre währte. Am Ende erwarb das Land Hessen die Grube. Der Senckenbergischen Naturforschenden Gesellschaft wurde der Betrieb übertragen. Heute wird der Ölschiefer zu wissenschaftlichen Zwecken abgebaut. Seit 1995 ist die Grube Messel UNESCO-Weltnaturerbe. Kurz darauf wurde eine Aussichtsplattform am Südhang gebaut, und man begann, Führungen anzubieten. Seit 2010 gibt es das Besucherzentrum, das eine Begegnungs- und Austauschstätte zwischen Wissenschaft und Öffentlichkeit darstellt. Es gibt Infotafeln, Ausstellungsstücke und die Option, auf eine kleine Zeitreise durch die Erdgeschichte zu gehen. In einem Aufzug fahren Sie virtuell in das Bohrloch. Die Grube selbst können Sie im Rahmen einer Führung besuchen. Dabei laufen Teilnehmer rund 1,5 Stunden durch die weltweit einzigartige Grube.

Welterbe Grube Messel · Tgl. 10–17 Uhr · Roßdörfer Str. 108 · 64409 Messel · www.grube-messel.de · Haltestelle: Messel-Grube Messel Besucherzentrum Abzw.

66 EIN DENKMAL DREHT SEINE RUNDEN

Auf einem künstlich angelegten Hügel überragt es den Rest des Staatsparks Wilhelmsbad in Hanau. Die Rede ist von einem historischen Karussell aus dem Jahr 1780, das als das älteste erhaltene feststehende Karussell der Welt gilt.

Früher gab es an der Stelle des heutigen Karussells einen Steinbruch. Als dieser nicht mehr benötigt wurde, wurde im Steinbruch ein ganz besonderes Bauwerk mit zwei Stockwerken hochgezogen. Das Untergeschoss ist vier Meter hoch und enthält allerlei Mechanik, um ebendas zu betreiben, was im zweiten Stock wartet: lebensgroße Figuren von Pferden und Wagen, die auf Ringen stehen, die im Kreis bewegt werden können. Es war die neue Hauptattraktion im Kurpark Wilhelmsbad. Zu Beginn benötigte man noch manuelle Arbeit. Ein Teich sollte ebenfalls gestaltet werden, und der Aushub dafür wurde um das Untergeschoss des Bauwerks herum angehäuft. Es wirkt daher, als throne der zweite Stock auf einem Hügel. Das Untergeschoss bleibt den Blicken verborgen, und es sind nur die im Kreis fahrenden Figuren zu sehen. Im 18. Jahrhundert wirkte es, als würde dies von Zauberhand geschehen. Das Karussell ist ein Rundbau, der wie antike Vorbilder anmutet. Zwei Reihen mit je zwölf Säulen tragen ein kuppelähnliches Runddach. 85 Jahre lang verzauberte es die Besucher, bis es Mitte des 19. Jahrhunderts im Krieg beschädigt wurde. Die Ausstattung, die ebenfalls defekt war, wurde von französischen Kriegsgefangen versteigert. 1873 sollte das Gebäude das gleiche Schicksal ereilen, doch Bürgerproteste verhinderten dies. Rund 20 Jahre später pachtete ein Hanauer Zimmermann und Bauunternehmer das Karussell, setzte es in Stand und sorgte für eine neue Ausstattung und einen Gasmotor. Es lief von 1898 bis zum Ersten Weltkrieg. Im Zweiten Weltkrieg wurde das Karussell von einer Bombe getroffen und so stark in Mitleidenschaft gezogen, dass eine der Säulen einstürzte und die Drehmechanik klemmte. Die äußerlichen Schäden wurden in den 1960er-Jahren behoben, die Mechanik jedoch erst 2016. Seitdem dreht es sich wieder und bildet das Herzstück des Parks.

Wilhelmsbader Karussell · Nur zu bestimmten Veranstaltungen geöffnet · Wilhelmsbader Ring · 63454 Hanau · www.karussell-wilhelmsbad.de · Haltestelle: Hanau Bismarckturm

„Fiskana"
„Leporello"

WO GESCHICHTE WIEDER LEBENDIG WIRD

67

Sie gehört zu den wenigen Höhenburgen Deutschlands, die noch im originalen Bauzustand die Jahrhunderte überdauert hat, und zählt daher zu den bedeutendsten Burgen in Hessen. Die Rede ist von der Burg Ronneburg, die schon von Weitem den Blick auf sich zieht.

Erhaben thront sie auf dem steilen Basaltkegel im Ronneburger Hügelland. Die Burg Ronneburg ist zwischen 1200 und 1258 von staufischen Königen als Sicherungsburg der kaiserlichen Wetterau errichtet worden und ist Namensgeberin für den Naturraum. Sie weist eine bedeutsame Architektur der Renaissance auf, da sie im 16. Jahrhundert als Residenz der Nebenlinie Ysenburg-Büdingen-Ronneburg fungierte und zu dieser Zeit eine Reihe von Umbauten vorgenommen worden waren. Obwohl die Kernburg, wo sich mitunter die ältesten Gebäudeteile befinden, im Dreißigjährigen Krieg fast gänzlich ausgebrannt war und später geplündert wurde, ist sie durch den außergewöhnlichen Erhaltungszustand der mittelalterlichen und frühneuzeitlichen Trakte ein Denkmal von großer Bedeutung. Hier können Sie erleben, wie es war, in dieser Zeit auf einer Festung zu residieren. Dies wird durch diverse Aktionen und Veranstaltungen noch ergänzt. Die »Freunde der Ronneburg« geben nämlich ihr Bestes, um das Mittelalter ins 21. Jahrhundert zu holen. Im Museum können Sie in die Geschichte der Burg eintauchen, die Räumlichkeiten und Türme entdecken und einen Blick in die Waffenkammer oder in einen der tiefsten Brunnen Deutschlands werfen. Regelmäßig finden Veranstaltungen statt. So zum Beispiel Bogenbauseminare, bei denen historische Bogen nachgebaut und Grundkenntnisse im Bogenschießen vermittelt werden. Bei den sogenannten Burgbelebungen können Sie Geschichte quasi anfassen. Mittelalterliche Gruppen zeigen dabei, wie das Handwerk funktionierte, die Kleidung aussah und welche Gewohnheiten früher an den Tag gelegt wurden. Es gibt allerlei Schaukämpfe, Tänze und Musik. Natürlich dürfen auch Mittelaltermärkte nicht fehlen. Und so haben Besucher zahlreiche Möglichkeiten, sich auf Burg Ronneburg auf Zeitreise zu begeben.

Burg Ronneburg · Auf der Burg 1 · 63549 Ronneburg · www.burg-ronneburg.de · Haltestelle: Ronneburg-Altwiedermus Ronneburger Straße

68 EINE DER SCHÖNSTEN RUINEN IM LAND

Stolz thront sie auf dem Burgberg in rund 35 Metern Höhe über dem Lahntal zwischen Westerwald und Taunus. Die Burg Runkel wurde im Jahr 1159 zum ersten Mal erwähnt, wird jedoch von Fachleuten als älter betrachtet. Sie bestand ursprünglich aus zwei Teilen: der Ober- und der Unterburg. Letztere wurde zwar zerstört, aber ein Jahrhundert später wieder aufgebaut. Erstere hingegen wurde im Zustand einer Ruine belassen. Sie ist begehbar und gilt als eine der schönsten Burgruinen des Landes. Am romantischsten ist es, wenn Sie nach dem Besuch der Burg auf der Lahninsel mit Blick auf den Bergfried Ihre Picknickdecke aufschlagen. So lassen sich wunderbar Kultur, Entspannung und Genuss miteinander verbinden!

Burg Runkel · Ab Karfreitag, spätestens 1. April–Okt. Di–So 10–17 Uhr · Schlossplatz 2 · 65594 Runkel · www.burg-runkel.de · Haltestelle: Runkel Bahnhof

69 SCHÖNER WOHNEN IN EINEM SCHLOSS

Wer hat nicht schon einmal davon geträumt, in einem echten Schloss zu residieren? In Offenbach, genauer gesagt im Stadtteil Rumpenheim, können Sie sich diesen Traum erfüllen. Denn das dreiflügelige Rumpenheimer Schloss wurde 1902 als Residenz aufgegeben, und der Mittelbau wurde danach im Zweiten Weltkrieg durch Bomben stark beschädigt. Durch Witterungseinflüsse und Brandstiftung verfiel das einst prächtige Anwesen immer mehr zu einer Ruine. 1965 erwarb die Stadt Offenbach schließlich Schloss und Garten und veranstaltete 1973 einen Architektenwettbewerb. Das Schloss sollte abgerissen werden und einer Hochhauszeile weichen. Eine Bürgerinitiative verhinderte dies, und in der Folge wurden Sicherungsmaßnahmen unternommen. Heute befinden sich im Inneren moderne Eigentumswohnungen.

Rumpenheimer Schloss · Schlossgasse · 63075 Offenbach · www.offenbach.de · Haltestelle: Offenbach (Main)-Rumpenheim Marstallstraße

RUNDUM UMGEBEN VON JUGENDSTIL

70

Die Mathildenhöhe ist die höchste Erhebung der Innenstadt von Darmstadt. Bereits im 19. Jahrhundert gab es hier eine Gartenanlage, die später ausgebaut wurde. Im Jahr 1900 wurde eine Künstlerkolonie gegründet, die die Mathildenhöhe zum Zentrum des Jugendstils machte.

1833 wurde der Garten auf der Darmstädter Anhöhe zu einem Englischen Landschaftspark umgestaltet. Es entstand der Platanenhain, durch den Sie noch heute spazieren können, die Russische Kapelle wurde errichtet und ein Wasserreservoir zur Versorgung Darmstadts gebaut. Ihr wurde der Name Mathildenhöhe zu Ehren von Mathilde Karoline von Bayern gegeben, der Gemahlin des Großherzogs Ludwig III. 1899 gründete Ernst Ludwig eine Künstlerkolonie und holte sieben Jugendstilkünstler auf die Mathildenhöhe, um hier zu leben und zu arbeiten. Die Künstler konnten günstig Grundstücke erwerben und darauf Häuser errichten. Diese Künstlerhäuser sollten moderne und zukunftsweisende Bau- und Wohnformen aufweisen, die dann in Ausstellungen präsentiert wurden. Zur dritten Ausstellung, die auch gleichzeitig die Hessische Landesausstellung war, wurde das heutige Wahrzeichen von Darmstadt errichtet: der Hochzeitsturm – ein fast 50 Meter hoher Jugendstilturm mit fünf tonnenförmigen Bögen als Dach, die an eine ausgestreckte Hand erinnern sollen. Er wird daher auch Fünffingerturm genannt. In der siebten Etage, auf einer Höhe von 33,5 Metern, wartet eine Aussichtsplattform mit Rundblick über Darmstadt. Die Künstlergruppe war von 1899 bis 1914 aktiv. Zu Beginn des Ersten Weltkriegs wurde die gerade laufende vierte Ausstellung abgebrochen. Auch wenn die Kolonie theoretisch weiterbestand, nahm man keine neuen Künstler mehr auf, und die Arbeit endete faktisch mit der Abdankung des Großherzogs 1918. Auf dem Papier bestand sie noch bis 1929. Die Bauwerke der Mathildenhöhe sind heute UNESCO-Weltkulturerbe.

Besuchen Sie die Gewölbekeller unter der Mathildenhöhe, genannt »Darmstädter Katakomben«! Sie wurden während des 19. Jahrhunderts als Bierkeller genutzt.

Darmstadt Mathildenhöhe · Di–So 11–18 Uhr · Olbrichweg 15 · 64287 Darmstadt · www.mathildenhoehe.eu · Haltestelle: Mathildenhöhe

71 MAHNMAL VON FRAUEN FÜR DEN FRIEDEN

Die Frauenfriedenskirche im Frankfurter Stadtteil Bockenheim ist die einzige von Frauen initiierte Kirche im deutschsprachigen Raum. Sie wurde nach dem Ersten Weltkrieg als Mahnmal für den Frieden errichtet und sollte eine nationale Gedenkstätte für gefallene Soldaten sein.

Hedwig Dransfeld, von 1912 bis 1925 Vorsitzende des Katholischen Deutschen Frauenbundes, kam 1916 auf die Idee, eine Friedenskirche zu bauen. Diese sollte gleichzeitig ein Gedächtnismal für die Gefallenen des Weltkriegs, Ausdruck des Dankes, dass die Heimat weitgehend von Zerstörung verschont geblieben war, und ein zu Stein gewordenes Friedensgebet sein. Ursprünglich wollte sie die Kirche in Marburg unter der Cruzifixus-Friedenskirche errichten. Aber auf Wunsch des Bischofs von Limburg fiel die Entscheidung auf Frankfurt-

Bockenheim. Da das gesammelte Geld für den Bau aufgrund der Inflation verloren ging, benötigte die Gemeinde ein gutes Jahrzehnt, bis genügend Mittel zusammengekommen waren, um den Bau schlussendlich umzusetzen. 1927 wurde der Grundstein gelegt, und nach 17 Monaten Bauzeit konnte die Kirche als Frauenfriedenskirche am 5. Mai 1929 der »Mater dolorosa« geweiht werden. Im Zweiten Weltkrieg wurden Dach und Fenster durch den Druck einer Bombe zerstört. Bis die Schäden repariert werden konnten, hatte die Witterung bereits dazu geführt, dass die ursprünglichen Farben verloren gegangen waren. Auch eine Sanierung in den 1970er-Jahren war nur oberflächlich und brachte nicht den alten Glanz zurück. Erst 2016, als Schäden, die durch Bodenbewegungen entstanden waren, eine größere Instandsetzung nötig machten, wurden auch die alten Farben aufgedeckt und wiederhergestellt. Die Altarinsel, unter der auch Reliquien von Hildegard von Bingen zu finden sind, wurde neu gestaltet, und 2020 wurde die Frauenfriedenskirche neu eröffnet. Das Gebäude zählt heute zu den wichtigsten Sakralbauten des 20. Jahrhunderts und steht durch seine nationale Bedeutung unter Denkmalschutz.

Frauenfriedenskirche · Di–Fr 8–17, Sa 8–12, So 12.15–17 Uhr · Zeppelinallee 101 · 60487 Frankfurt am Main · www.frauenfrieden.de · Haltestelle: Frauenfriedenskirche

72

EIN FENSTER NACH THAILAND

Im Herzen des Frankfurter Stadtteils Höchst können Sie einen besonderen Einblick in eine fremde, exotische Welt erhaschen. Wat Bodhi Dhamm, ein thailändischer Tempel, wartet mit allen Riten auf, die in der fernöstlichen Kultur gepflegt werden. So lassen sich mitten in Frankfurt buddhistische Traditionen erleben.

Zugegeben: Sie müssen schon genau hinschauen, um den Tempel zufällig zu entdecken. Aber wenn Sie wissen, wo Sie ihn finden, fällt er plötzlich auf wie ein bunter Hund. Grün-goldene, schmale Säulen stehen zu beiden Seiten des einfachen grauen Tores. An der einen Säule ist die thailändische Flagge angebracht. In goldenen Lettern steht der Name auf grünem Grund und darunter ein Schild auf Deutsch. Über dem Tor, ein wenig nach hinten versetzt, ist ein Tempelgiebel mit einem Buddha angebracht, der die Hände in Herzhöhe zusammenlegt und so eine Gebetsgeste vollführt. Die Rede ist vom thailändischen Wat Bodhi Dhamm im Frankfurter Stadtteil Höchst. Wat ist das thailändische Wort für einen Tempel oder eine Tempelanlage, die jedoch auch als eine Art Gemeindezentrum fungiert. Es dient als religiöser Mittelpunkt und oft auch als Ort für Veranstaltungen und der Lehre. So verhält es sich auch mit dem Wat in Frankfurt-Höchst. Hier leben mehrere thailändische Mönche, die ihren Tag wie in einem buddhistischen Kloster in Thailand verbringen, nach den Klosterregeln ihren Tag bestreiten, essen und meditieren. In erster Linie handelt es sich hier um einen Ort für in Deutschland lebende Thais, die ihre heimische Kultur erhalten wollen. Aber jeder ist hier willkommen. Wer möchte, kann also an den Abläufen teilhaben, mit den Mönchen meditieren oder einen an den Wochenenden stattfindenden Thai-Massage-Kurs besuchen. Wenn Sie das Tor hinter sich gelassen haben, wird Sie schnell das Gefühl beschleichen, in eine andere Welt eingetreten zu sein. Eine Welt, in der es nach exotischen Gewürzen und Räucherstäbchen duftet, in der man aus Respekt die Schuhe vor der Tür lässt und in der man zum Dank höflich die Hände faltet. Ein Lächeln als Antwort ist Ihnen gewiss!

Wat Bodhi Dhamm · Melchior Str. 9 · 65929 Frankfurt am Main · www.facebook.com/people/Wat-Bodhi-Dhamm-Frankfurt-Höchst · Haltestelle: Frankfurt Höchst

NIBELUNGEN
BRUNNEN

EINTAUCHEN INS NIBELUNGENLAND

13

Lindenfels ist eine echte Perle im Nibelungenland und auch als Drachenstadt bekannt. Der Altstadtkern befindet sich zusammen mit der Burg auf dem Burgberg, umgeben von der waldreichen Landschaft des Odenwalds. Idyllischer geht es kaum! Aber was hat es mit den Drachen eigentlich auf sich?

Der heutige Odenwald soll früher einmal das Jagdgebiet der sogenannten Nibelungen gewesen sein. Deswegen wird diese Region auch Nibelungenland genannt. Es gibt sogar eine Ferienroute namens Nibelungenstraße. Die Nibelungen sollen ein Zwergengeschlecht gewesen sein, das im Besitz eines Goldschatzes, des Nibelungenhortes, war. Im Heldenepos der Nibelungen, in dem Sagenstoffe mit historischen Ereignissen verarbeitet werden, geht es um Siegfried, den Drachentöter, der sich durch Mut und Stärke auszeichnet und den Drachen Fafnir tötet. Er badet anschließend im Drachenblut und wird damit unverwundbar. Einzige Ausnahme ist eine kleine Stelle an der Schulter, die von einem Lindenblatt bedeckt war, als er das blutige Bad nahm. Im Lauf des ersten Teils des Nibelungenlieds wird er von Hagen von Tronje bei einer Rast an einem Brunnen ermordet, der Siegfrieds Schwachstelle kannte. Im 19. und frühen 20. Jahrhundert galt Siegfried als Nationalheld Deutschlands, und so ist es nicht verwunderlich, dass so mancher Ort im Odenwald versucht, sich als Schauplatz der Saga zu präsentieren. Zu diesen historischen Plätzen gehört zum Beispiel der sogenannte Siegfried- oder Nibelungenbrunnen, ebenjener Brunnen also, an dem Siegfried ermordet worden sein soll. Und einer der Orte, an dem ein solcher Brunnen steht, ist Lindenfels – ein wahres Kleinod und einziger heilklimatischer Luftkurort im Odenwald. Der angebliche »Tatort« befindet sich am Ortsausgang von Lindenfels an der B 47 in Richtung Reichelsheim.

In Lindenfels sind mehrere Drachenskulpturen aufgestellt, und direkt unterhalb der Burg Lindenfels wartet seit 2010 das Deutsche Drachenmuseum.

Nibelungenbrunnen · An der B 45 Richtung Reichelsheim · 64678 Lindenfels · www.lindenfels.de · Haltestelle: Lindenfels Poststraße

74 DER »DOM DER BERGSTRASSE«

Heppenheim liegt am Rand des Odenwalds an der Bergstraße. Erste schriftliche Erwähnungen gibt es bereits im Jahr 755, auch wenn das Stadtrecht erst 1318 verliehen wurde. Obwohl Heppenheim auf eine lange Geschichte zurückblickt, ist seine Kirche aus der Neuzeit.

Am Fuße des Schlossbergs mit der mittelalterlichen Starkenburg gelegen, beherrscht Sankt Peter ganz klar das Panorama. Der Bau misst knapp 51 Meter Länge, 33 Meter Breite und 60,4 Meter Höhe. Für eine einfache Pfarrkirche ist das eine immense Größe. Daher wird Sankt Peter in Heppenheim im Volksmund auch liebevoll »Dom der Bergstraße« genannt. Das heutige Gotteshaus stammt aus den Jahren 1900 bis 1904. Ein Vorläuferbau ist bereits 755 schriftlich in einer Urkunde des Lorscher Codex dokumentiert. Es wird angenommen, dass er Teil einer Fluchtburg war, die die Franken um 700 herum erbaut hatten. Heppenheim lag damals im Herzen der fränkischen Mark. Damit gehört die Pfarrei von Heppenheim zu den ältesten in Deutschland. Wie diese Kirche jedoch ausgesehen hat, ist nicht bekannt. Zwischen 773 und 1232 wurden verschiedene Umbauten vorgenommen, von denen einige Elemente noch heute in der Pfarrkirche zu finden sind. So zum Beispiel ein Kapitell der Untersakristei aus der Epoche der Romanik oder eine Marienfigur aus dem 13. Jahrhundert. Im Lauf der Zeit wurde der Sakralbau aber immer wieder beschädigt, sei es durch Feindeshand oder durch Feuer. So beschloss man Ende des 19. Jahrhunderts, einen Neubau anzugehen. 1901 wurde der Grundstein gelegt. 1904 wurde schließlich das neue Gebäude, das zum Teil aus dem Sandstein des Vorgängerbaus und zum Teil mit neuem Sandstein aus der Pfalz errichtet wurde, dem heiligen Petrus geweiht. Auch ein mittelalterlicher Turm wurde in den Neubau integriert. So ist der prächtige »Dom der Bergstraße« heute eine perfekte Mischung aus alt und neu.

Den besten Fotospot finden Sie in den Weinbergen! Einfach dem Wanderweg zur Starkenburg folgen. Dann treffen Sie automatisch auf den Panoramaweg.

Pfarrkirche St. Peter · Kirchengasse 5 · 64646 Heppenheim · www.bistummainz.de/pfarreienverbund/heppenheim · Haltestelle: Heppenheim Schunkengasse

FÜR DEN SCHUTZHEILIGEN DER PESTKRANKEN

75

Ende des 19. Jahrhunderts wurde auf dem Rochusberg in den Binger Weinbergen eine neugotische Wallfahrtskirche errichtet. Bis heute findet jedes Jahr in zeitlicher Nähe zum Rochustag, dem Namenstag des Schutzpatrons der Pestkranken am 16. August, das Rochusfest mit Prozession und Wallfahrt statt.

In den Jahren 1665 und 1666 wütete der Schwarze Tod in Europa und gelangte schlussendlich auch ins Rheintal und nach Bingen. In der Zeit der Großen Pest, wie diese besonders schlimmen Jahre genannt wurden, blieb kaum eine Familie verschont. Opfer waren in fast jedem Haus zu beklagen. Und so beschloss der Stadtrat, dem Patron der Pestkranken eine Kapelle zu bauen. Es gab nämlich seinerzeit Gerüchte, dass das Versprechen an den heiligen Rochus andernorts genügt hatte, um der Verbreitung der Krankheit Einhalt zu gebieten. Und wie durch ein Wunder ebbte die Welle in Bingen ab und fand schließlich in den ersten Monaten des Jahres 1667 ein Ende, während sie in den Nachbarorten erst ihren Höchststand zu erreichen begann. Man sah sich also darin bestätigt, dass der heilige Rochus dafür gesorgt hatte, dass die Pest von Bingen abließ und errichtete die erste Rochuskapelle. Kaum mehr als 100 Jahre später, im Jahr 1795, wurde sie jedoch während der französischen Besetzung bei einem Beschuss schwer beschädigt. 1814 konzipierte man nach einer Typhusepidemie den zweiten Bau. Da zur gleichen Zeit das Kloster Eibingen der heiligen Hildegard aufgehoben worden war, erwarb man das gesamte Inventar für die neue Rochuskapelle. Am ersten Rochusfest in der neuen Kirche nahm Johann Wolfgang von Goethe höchstselbst teil und beschrieb die Vorgänge ausführlich. Das Glück war aber auch diesmal nicht auf der Seite der Rochusbruderschaft: 1889 schlug ein Blitz ein, sodass die Kapelle abbrannte. Sie wurde also ein weiteres Mal neu geplant – und dies ist der Bau, den Sie heute auf dem Rochusberg bewundern können und der im Mittelpunkt der größten Rochus-Wallfahrt Europas steht.

Rochuskapelle · Mo–Sa 9–17, So 11.30–14 Uhr · Rochusberg 2 · 55411 Bingen am Rhein · www.pfarrei-bingen.de · Haltestelle: Bingen (Rhein) Stadt

HEUTE WILL ICH RAUS!

76 BEI ROMEO & JULIA DES RHEIN-MAIN-GEBIETS

Auf rund 450 Metern über dem Meeresspiegel wartet oberhalb der Kleinstadt Kelkheim im Vordertaunus der Staufen. Der Gipfel selbst ist recht dicht bewaldet und nicht sonderlich spektakulär. Aber kurz unterhalb des Gipfels genießen Sie einen herrlichen Ausblick – an klaren Tagen sogar bis in den Odenwald.

Unter dem Gipfel des Staufens warten zwei Felsformationen: der Kleine und der Große Mannstein. An Letzterem gibt es auch eine Aussichtsplattform, an der Sie den Blick über Kelkheim bis zur Frankfurter Skyline genießen können. Es ist ein schöner Ausflugsort, der vor allem an den Wochenenden von Wanderern und Familien angesteuert wird. Was aber viele nicht wissen ist, dass er auch eine spannende Sage bereithält, die aus Shakespeares Feder hätte stammen können. Die Entstehungsgeschichte des Großen Mannsteins erzählt nämlich die Geschichte von Kelkheims Romeo und Julia. Der Legende nach soll ein Edelknabe, aufgewachsen auf der Burg Königstein und schon in jungen Jahren in Frankfurt zum Ritter geschlagen, ein Edelfräulein kennengelernt haben. Die Familien der beiden waren miteinander verfeindet, sodass das Edelfräulein nur heimlich ein Fest auf der Burg des Edelknaben besuchen konnte. Die tragische Geschichte nimmt ihren Lauf, als sich die beiden ineinander verlieben. Sie verabreden sich zu einem Treffen nahe der Burg, auf dem das Fräulein lebte. Sie wusste allerdings nicht, dass ihr Vater sie von einer Dienerin überwachen ließ. Und diese war noch dazu eine Hexe. Als sie die beiden miteinander beobachtete, war der Hexe sofort klar, was vor sich ging. Das Liebespaar bemerkte jedoch die im Schatten lauernde Dienerin und floh gemeinsam auf den Staufen. Die Hexe war allerdings schneller und verwandelte als Erstes den Edelknaben und dann das Fräulein zu Stein. Angeblich erwachen die zwei Verliebten alle 13 Jahre für einen Tag zum Leben. Dann lustwandeln sie über den Gimbacher Hof, bis sie wieder zu Stein werden. Es wäre also passender, wenn der Kleine Mannstein Fräuleinstein heißen würde, um der Kelkheimer Sage gerecht zu werden.

Großer Mannstein auf dem Staufen · Jederzeit öffentlich zugänglich · 65779 Kelkheim · Haltestelle: Kelkheim Mitte

ODENWÄLDER NAHERHOLUNG

77

Im Herzen des Odenwaldes befindet sich der Marbach-Stausee. Er wurde zwar Anfang der 1980er-Jahre als Hochwasserschutz gebaut, dann aber kurz nach dem Bau auch offiziell zum Naherholungsgebiet erklärt. In diesem Kontext wurden ein Wanderweg geschaffen, Parkplätze angelegt und eine öffentliche Toilette eingerichtet.

Es ist schon ein wahrhaft idyllisches Fleckchen Erde. Der Marbach-Stausee ist zwischen 22 und 49 Hektar groß – je nachdem, wie hoch er aufgestaut wird. In der Länge sind das 1,3 Kilometer und in der Breite zwischen 110 und 240 Metern. Er ist damit das größte Stillgewässer des Odenwalds. Auf dem Wanderweg, der einmal um den See herumführt, können Sie die verschiedenen Bereiche erkunden, so gibt es auch einen Badeabschnitt. Von Mai bis September ist an Wochenenden und Feiertagen sogar eine Aufsicht der DLRG vor Ort. Außerhalb dieser Zeit können Sie auf eigene Gefahr ins Wasser gehen. Im Badebereich gibt es außerdem eine Liegewiese mit Tischen und Bänken sowie Badeinseln. In einem weiteren Abschnitt wurde ein Vogelschutzgebiet mit einer Naturschutzinsel eingerichtet. Es handelt sich zwar nicht um ein offizielles Naturschutzgebiet, aber in diesem Areal soll den Tieren ein sicherer Rückzugsraum gegeben werden. Deswegen darf die Insel auch nicht betreten werden. Zuletzt gibt es einen Bereich, in dem Surfen und Segeln für Boote mit bis zu 3,5 Quadratmetern Segelfläche erlaubt ist. Auch Angeln ist an ausgewiesenen Stellen gestattet. So ist für jeden etwas dabei: für den Wanderer, den Schwimmer, den Segler, den Angler oder auch einfach für all jene, die einfach mal rausgehen und die Natur genießen möchten. Am schönsten ist der Marbach-Stausee übrigens zum Sonnenauf- oder Sonnenuntergang. Beim ersten und letzten Licht des Tages können Sie wunderbar den Alltag hinter sich lassen und einfach den Moment genießen.

> Wandern Sie hinüber zum Himbächel-Viadukt! Die 250 Meter lange Steinbogenbrücke aus dem Jahr 1882 ist absolut beeindruckend.

Marbach Stausee · 64743 Oberzent · www.bergstrasse-odenwald.de · Haltestelle: Haisterbach Stausee

78 DAS TAL DER RIESEN ERKUNDEN

Vor 380 bis 340 Millionen Jahren gab es zwei große Urkontinente. Sie bewegten sich aufeinander zu und wurden eins: Der Urkontinent Pangaea war geboren. Bei dieser Verschmelzung der beiden Urkontinente entstand der Odenwald – damals noch auf der Höhe des Äquators.

Das Felsenmeer im Odenwald ist schon ein mystischer Ort: Wie erkaltete Wellen eines Meeres türmen sich die Felsblöcke in die Höhe. Manche sind gewaltig, andere nicht einmal mannshoch. Der Legende nach sollen zwei Riesen einst in dieser Gegend gehaust haben. Einer der beiden lebte auf dem Felsberg und hieß Felshocker. Der andere, Steinbeißer genannt, war auf dem Hohenstein zu Hause. Ihre Reiche wurden nur vom Lautertal getrennt. Als sie eines Tages in einen Streit gerieten, begannen sie, sich mit Felsbrocken zu

bewerfen. Steinbeißer verfügte über mehr Wurfmaterial und war daher im Vorteil. Felshocker wurde unter den Felsen begraben. Angeblich können Sie ihn bis heute unter dem bei diesem Streit entstandenen Felsenmeer vor Wut brüllen hören. Es erstreckt sich über 2,5 Kilometer, und es wurden zwischen fünf und neun Kilometer lange Rundwanderwege angelegt. Sie beginnen meist am Fuß der Attraktion, wo das Felsenmeer Informationszentrum (Öffnungszeiten laut Website beachten) eingerichtet wurde. Hier können Sie mehr über seine Geschichte und Entstehung erfahren. Wenn Sie bereit sind, das Felsenmeer zu erkunden, können Sie entscheiden, ob Sie eine schweißtreibende Kletterpartie erleben (Achtung: Muskelkater garantiert!) oder doch lieber das Felsenmeer vom Wanderweg aus erleben möchten. Über die Felsen zu klettern ist in jedem Fall für Klein und Groß ein besonderes Erlebnis. Auf dem Felsberg lockt schließlich im afrikanischen Restaurant Ada's Buka eine Belohnung für den Aufstieg.

Jedes Jahr locken die Felsenmeer Erlebnistage Besucher hierher. Das Highlight? Die Licht- und Lasershow »Felsenmeer in Flammen«!

Felsenmeer-Informationszentrum · Jederzeit öffentlich zugänglich · Seifenwiesenweg 59 · 64686 Lautertal (Odenwald) · www.felsenmeer.eu · Haltestelle: Reichenbach, Felsenmeer

79 EIN TEMPEL FÜR DR. DETTWEILER

Rund um den Kurort Königstein sind im 19. Jahrhundert zahlreiche Tempel als Aussichtspunkte und Ehrenplätze errichtet worden. Einer von ihnen ist der Dettweiler Tempel im Naturschutzgebiet Burghain Falkenstein, der 1896 eingeweiht wurde.

Dr. Peter Dettweiler war ein Lungenarzt im Königstein des 19. Jahrhunderts und hatte sich als Leiter der Falkensteiner Lungenheilanstalt einen Namen gemacht. Ihm zu Ehren wurde vom Taunusklub und dem Heimatverein (der damals noch Kur- und Verschönerungsverein hieß) oberhalb von Falkenstein und Kronberg auf der sogenannten Teufelskanzel ein Pavillon errichtet: der unter Denkmalschutz stehende Dettweiler Tempel. Das Jahr seiner Erbauung, 1896, prangt in eisernen Lettern über dem Dach des Tempels. Sein gesamtes Gerüst ist aus Eisen mit filigranen Verzierungen. Im Innern wartet eine Rundbank, sodass Sie den Blick ins Tal und auf die Frankfurter Skyline ganz in Ruhe genießen können. An klaren Tagen reicht der Blick sogar bis in die Wetterau, den Spessart und den Odenwald. Am Tempel gibt es zudem eine Art Aussichtsplattform, die von einem Geländer, das ebenfalls aus Eisen gefertigt wurde, eingerahmt ist. Ein herrlicher Ort zum Verweilen! Zwischen Herbst und Frühling haben Sie übrigens eine perfekte Sicht auf den Sonnenaufgang. Früh aufstehen lohnt sich hier also! Der Tempel befindet sich nur rund 100 Meter von der Burgruine Falkenstein entfernt, sodass Sie bei Ihrem Besuch auch gleich beides miteinander verbinden können. Auch die Reste der Burg Nürings liegen unweit des Dettweiler Tempels. Die Burg verfiel und wurde abgetragen, nachdem das Geschlecht der Nüringer ausgestorben war und die Linie der Falkensteiner die neue Burg zur Machtdemonstration direkt daneben errichten ließ. Der Dettweiler Tempel hingegen wurde zum 100-jährigen Bestehen saniert und erstrahlt seitdem wieder, als wäre er neu gebaut worden.

Wenn Sie sich die Wanderstiefel schnüren möchten, laufen Sie doch den Drei-Burgen-Weg, der auch am Dettweiler Tempel vorbeiführt!

Dettweiler Tempel · Jederzeit öffentlich zugänglich · 61476 Königstein im Taunus · www.heimatverein-falkenstein.de · Haltestelle: Königstein (Taunus)-Falkenstein Alt-Falkenstein

1896

80 DIE HYMNE DER DANKBARKEIT ERLEBEN

Ein Meditationsweg führt über fünf Kilometer vom Michelstädter Stadtteil Steinbach nach Rehbach. Er steht im Zeichen des Sonnengesangs von Franz von Assisi. Am Wegesrand sind insgesamt zehn Stationen zu finden, an denen die Strophen des Gebets vorgestellt werden. Er ist somit ein Ort der Besinnung.

Der Wanderweg lädt zum Nachdenken ein. Ehrfurcht und Dankbarkeit stehen dabei im Mittelpunkt. Bereits 1989 ist der erste Sonnengesangsweg entstanden, in Südtirol. Der Weg im Odenwald folgte 1992. Die Wanderung beginnt an der Einhardsbasilika, einer Kirche aus dem 9. Jahrhundert, die 1095 das erste Mal im Lorscher Codex urkundlich erwähnt wurde. Bei dem majestätischen Anblick der Basilika können Sie sich schon mal auf das Thema der Wanderung einstimmen. Daher wurde sie auch bewusst als Startpunkt für

diesen Sonnengesangsweg gewählt. Der Sonnengesang von Franz von Assisi ist ein Gebet mit zehn Strophen aus dem 13. Jahrhundert, in dem die Schönheit der Schöpfung gepriesen und Dankbarkeit für alles Sein bekundet wird. Als Teil der Schöpfung sollen wir als Menschen anregende Impulse von diesem Meditationsweg erhalten. Die zehnte und letzte Strophe – die Friedensstrophe, in der es um den Tod geht – soll der heilige Franziskus erst auf seinem Sterbebett hinzugefügt haben. Die einzelnen Strophen werden auf Holztafeln entlang des Wegs vorgestellt, in die die jeweiligen Texte eingeprägt wurden. Durch die Markierung des Pfads mit dem Segenszeichen »t« ist der Weg gut zu finden. Besonders schön ist es, hier beim Sonnenaufgang zu laufen. Durch die ersten Strahlen des Tages kann der Sonnengesang aus einer neuen Perspektive betrachtet werden. Wenn Sie in einer Gruppe wandern, empfiehlt es sich, ein Auto in Rehbach stehenzulassen, da der Meditationsweg kein Rundweg ist. So können Sie dann einfach mit dem Auto zurück zum Ausgangspunkt fahren.

Verbinden Sie doch die Wanderung mit einem Besuch des historischen Michelstädter Rathauses! So lohnt es sich gleich doppelt …

Einhardsbasilika (Startpunkt der Wanderung) · Schloßstr. 17 · 64720 Michelstadt · www.initiativgruppe-franziskuswege.de · Haltestelle: Michelstadt-Steinbach Darmstädter Hof

ALLER GUTEN DINGE SIND DREI!

81

Zwischen dem Kurort Königstein im Taunus und dessen Stadtteil Mammolshain gelegen, wartet auf der Kuppe des Hardtbergs ein gleichnamiger eiserner Turm in Form eines Ovals auf Besucher. Er überragt die Bäume in seiner Umgebung und bietet daher einen fantastischen Ausblick über das Rhein-Main-Gebiet.

Seit 1884 steht auf dem Gipfel des Hardtbergs auf 409 Metern Höhe ein Aussichtsturm. Zunächst errichtete der Taunusklub eine Holzkonstruktion, die jedoch nicht lange hielt. Nur 15 Jahre später musste sie ersetzt werden. An gleicher Stelle wurde daher ein zwölf Meter hoher Turm aus Eisen errichtet. Über 100 Jahre lang erfreuten sich Wanderer und Spaziergänger an ihm, bis auch dieser Turm baufällig wurde. 2012 musste er gesperrt werden und wurde letztlich im Mai 2021 abgerissen, um Platz für einen neuen Turm zu schaffen. Der dritte Hardtbergturm wurde im Sommer 2022 eingeweiht. Er ist 32,3 Meter hoch und besticht trotz seiner 80 Tonnen durch zarte Eleganz. Vielleicht erweckt die seidengraue Lackierung diesen Eindruck. In jedem Fall soll er sowohl optisch als auch sinnbildlich die Krönung des Taunus darstellen. Die an seiner Spitze zusammenlaufenden Stahlstreben des Turms mit elliptischem Grundriss sehen nämlich tatsächlich aus wie eine Krone, die aus den Baumwipfeln hervorragt. Auf dem Weg nach oben müssen Sie 140 Stufen überwinden, während Sie an vier Erkundungsebenen vorbeikommen. Bei jedem Verschnaufen hat sich das Panorama ein wenig verändert, während Sie weiter emporgestiegen sind. Oben angekommen, erwartet Sie ein traumhaftes Panorama auf 26,6 Metern Höhe. Bewundern Sie die Königsteiner, Kronberger und Falkensteiner Burg sowie den Großen Feldberg und genießen Sie den Blick über die Taunushänge auf der einen Seite und in der Ferne Richtung Frankfurt die Rhein-Main-Ebene auf der anderen.

Der Hardtberg hat einen üppigen Edelkastanienhain. Wenn Sie Ihren Besuch entsprechend planen, packen Sie eine Tasche zum Kastaniensammeln ein!

Hardtbergturm · Rund um die Uhr geöffnet · Hardtbergweg · 61462 Königstein im Taunus · www.hardtbergturm.de · Haltestelle: Königstein Höhenblick

82 UNTERWEGS IN DEN BAUMWIPFELN

Was es bisher nur außerhalb Europas gab, bringt der Baumkronenpfad Hoherodskopf nach Hessen. Es geht um einen Weg zwischen den Baumwipfeln, der Sie auf einer Konstruktion aus Holz und Stahl über Hängebrücken von einer Aussichtsplattform zur nächsten bringt.

Er ist 600 Meter lang, bis zu 15 Meter hoch und liegt mitten im Vogelsberg, Europas größtem Basaltmassiv. Der Baumkronenpfad Hoherodskopf ist der erste seiner Art in Europa, bei dem Sie über Hängebrücken wandeln. Um die dicken Baumstämme herum wurden Plattformen gebaut, die untereinander durch Hängebrücken verbunden sind. Ein wackeliges Vergnügen! So können Sie den Wald aus einer neuen Perspektive betrachten, die Bewohner des Waldes zwischen den Wipfeln beobachten und gleichzeitig so allerlei Wissenswertes über Wald und Tiere lernen. Denn an den Plattformen sind Infotafeln angebracht. Lernen Sie beispielsweise mehr über das Wurzelwerk der Bäume, das dem Auge zwar meist verborgen bleibt, dafür aber eigentlich den größten Teil eines Baumes ausmacht. Und vielleicht sogar den wichtigsten. Denn ohne Wurzeln können Bäume weder stehen noch leben, da über sie Nährstoffe und Wasser aufgenommen werden. Oder wussten Sie, dass Spinnenfäden stärker als Stahlseile sind? Um ihr Netz zu bauen, lässt sich die Kreuzspinne vom Wind von Ast zu Ast treiben. Wenn sie dies viermal getan hat, kann sie über die Fäden laufen und anfangen, ihr Netz zu spinnen. Der Pfad ist also nicht als reiner Vergnügungsweg gedacht, sondern vielmehr ein Naturerlebnispfad, auf dem Wissen und Spaß miteinander verbunden werden können. Das ist für die Kleinen besonders spannend, aber auch Erwachsene können noch einiges lernen. Auf etwa halber Strecke wartet ein Aussichtsturm, von dem Sie den Naturpark Hoher Vogelsberg überblicken und an klaren Tagen bis nach Frankfurt schauen können. Abends verwandelt sich der Wipfelpfad übrigens in eine Eventlocation, in der Sie ein romantisches Candle-Light-Dinner erleben, Konzerten lauschen oder Nachtwanderungen mitmachen können.

Baumkronenpfad Hoherodskopf · Mai 10–18, Juni–Sept. 10–19, Okt. 10–17 Uhr · Am Hoherodskopf 9 · 63679 Schotten · www.baumkronenpfad.de · Haltestelle: Schotten-Breungeshain Hoherodskopf

BESUCH DER ERLEBNIS-WELT NEROBERG

83

In früheren Zeiten hieß der Hausberg der hessischen Landeshauptstadt Wiesbaden Ersberg. Im 19. Jahrhundert erfand man jedoch den neuen Namen als Anspielung auf die römische Vergangenheit der Stadt und bezeichnete ihn fortan als Neroberg.

Er liegt im Norden am Rand der Innenstadt in 245 Metern Höhe und überragt das Nerotal. Hinauf gelangen Sie entweder mit dem eigenen Auto oder mit der historischen Nerobergbahn, Wiesbadens wohl romantischstem und mit Sicherheit schrägstem Wahrzeichen. Sie verbindet die Stadt seit 1888 mit dem Neroberg. Die beiden Bahnen in auffälligem Blau und Gelb rumpelten bereits zu Kaiser Wilhelms Zeiten über das Viadukt. Dabei legt die Zahnradbahn, die mit Wasserballast betrieben wird, in 3,5 Minuten 438 Meter und 83 Höhenmeter zurück. Oben angekommen, wartet ein seit 100 Jahren fast unverändertes Panorama – und noch dazu eine kleine Erlebniswelt. Unweit der Bergstation krönt der 1851 erbaute Nerobergtempel den Gipfel, ein Monopteros im Stil der italienischen Renaissance, von dem aus Sie an klaren Tagen nicht nur auf Wiesbaden, sondern bis nach Mainz blicken können. An den Südhängen des Berges wurde bereits 1525 die Rebsorte Riesling angebaut. Der Weinbau hat hier also eine lange Tradition. Der Weinberg wird heute von den Hessischen Staatsweingütern Kloster Eberbach bewirtschaftet. Das nur zwei Gehminuten entfernte Opelbad wurde in den 1930er-Jahren als Ehrenmal errichtet und gestattet es Ihnen, mit herrlichem Blick auf das Rhein-Main-Gebiet zu baden. Das Freiluftbad ist im Bauhausstil errichtet und nach seinem Stifter benannt. Seit 2006 gibt es auch einen Kletterwald für Abenteurer. Der »Walderlebnispfad Neroberg« ist ein Rundweg, der bereits in den 1970er-Jahren eingerichtet wurde. Auf drei Kilometern können Sie die Geheimnisse des Waldes und kleine wie große Naturwunder entdecken. An 16 Stationen stehen Infotafeln zur Fauna und Flora des Wiesbadener Stadtwalds. Den Wald mit allen Sinnen zu erleben, ist eine Bereicherung für Groß und Klein.

Neroberg · 65193 Wiesbaden · www.wiesbaden.de · Haltestelle: Wiesbaden Nerotal (und dann mit der Nerobergbahn auf den Berg)

84 HOCH IM NATURPARK TAUNUS

Der Pferdskopf ist mit einer Höhe von 663 Metern der vierthöchste Berg im östlichen Hintertaunus und vulkanischen Ursprungs. Seinen Gipfel krönt ein 34 Meter hoher Aussichtsturm, der einen spektakulären Rundumblick bereithält. 1895 wurde hier bereits zum ersten Mal eine Stahlkonstruktion errichtet, die 18 Meter in die Höhe ragte. Diese wurde dann in den 1960er-Jahren abgerissen. Der offene Holzbau, der heute erklommen werden kann, stammt aus dem Jahr 1987 und wurde vom Umlandverband Frankfurt aufgestellt. Der erhebt sich direkt am Schinderhannessteig, sodass Sie entweder am Parkplatz Schmitten-Treisberg Ihr Auto abstellen oder den Fernwanderweg laufen können, um dorthin zu gelangen.

Aussichtsturm Pferdskopf · 61389 Schmitten im Taunus · www.naturpark-taunus.de · Haltestelle: Schmitten Treisberg

85 EIN ORT, SO SCHÖN WIE GEMALT

Die Burg Kronberg zur Linken, die Frankfurter Skyline zur Rechten und mittig der Opel-Zoo. Die Aussicht vom Malerblick ist absolut einmalig. Das war auch schon so, bevor die Hochhäuser der Bankenstadt Richtung Himmel strebten. Und deswegen war dies auch das am häufigsten gemalte Motiv der Kronberger Malerkolonie. 1858 gegründet, war sie eine der ersten Künstlerkolonien in ganz Deutschland und bekannt für ihren familiären Zusammenhalt. Künstler kamen daher ins beschauliche Kronberg, wo manche für kurze Zeit, andere wiederum ein Leben lang blieben. Und die Kolonie prägte den Namen für diesen inspirierenden Ort: Malerblick … Wer den Sonnenaufgang hier einmal selbst erlebt hat, versteht, warum er so viele Kunstschaffende – in der Vergangenheit wie auch heute – in seinen Bann gezogen hat.

Malerblick · Jederzeit öffentlich zugänglich · B455 · 61476 Königstein im Taunus · www.taunus.info · Haltestelle: Opel-Zoo

86 INDUSTRIECHARME IM HAFENVIERTEL

Er ist ein Relikt aus der Zeit des alten Industriehafens. 2016 wurde der Blaue Kran in ein öffentlich begehbares und abends beleuchtetes Kunstwerk umgewandelt. Eine Aussichtsplattform wurde geschaffen und mit ihr eine spektakuläre Ergänzung der Regionalparkroute.

Der Blaue Kran am Mainufer im Offenbacher Hafenviertel ist 26 Meter hoch und innerhalb kürzester Zeit zu einem eindrucksvollen Monument geworden. Bereits um das Jahr 2010 wurden die ersten Überlegungen angestellt, das ehemalige Industriehafengelände zu einem modernen neuen Stadtviertel umzugestalten. Ein eigener kleiner Mikrokosmos sollte entstehen – mit modernem Wohn- und Büroraum, Parkanlagen und Möglichkeiten zum Ausgehen. Dann kam die Idee auf, den stillgelegten Kran zu einem neuen Identifikationspunkt der Stadt Offenbach zu machen. Seit April 2017 führt eine neu gebaute, frei stehende Treppe auf eine neun mal neun Meter große Aussichtsplattform auf dem stählernen Wahrzeichen des Hafens. Von dort oben können Sie über das Hafenareal bis hin zur Skyline von Frankfurt und zum Feldberg schauen. In den Abendstunden wird der Kran von verschiedenen Punkten aus be- und die Kranhalle selbst ausgeleuchtet. Zwei Bildhauer reichten die Idee für den lavis-blauen »Kran der Künste« bei einem Wettbewerb ein und gingen als Sieger hervor. Bei der Gestaltung gingen die Künstler so vor, als handele es sich um eine Skulptur und nicht um ein Industriegebäude. Das Konstrukt selbst sollte Ruhe ausstrahlen, aber auch zum Ausruhen einladen und gleichzeitig ein echter Hingucker werden. Im oberen Teil, der nicht für die Öffentlichkeit zugänglich ist, wurde ein Refugium für Vögel geschaffen. Man erlebt sozusagen ein Stillleben aus Natur und Technik. Diese Mischung macht den Blauen Kran zu etwas ganz Besonderem.

> Der Blaue Kran liegt direkt am MainRadweg. Planen Sie doch eine Etappe des über 500 Kilometer langen Fernradwegs ein, wenn Sie den Kran besuchen.

Blauer Kran · Jederzeit öffentlich zugänglich · Mainkai · 63067 Offenbach am Main · www.regionalpark-rheinmain.de · Haltestelle: Offenbach (Main)-Hafen Carl-Ulrich-Brücke

SPAZIERGANG DURCH DIE ERDGESCHICHTE

87

Klingenberg am Main ist ein magischer Ort: Die Altstadt verzaubert, der Weinberg bringt Spitzenweine hervor, und dann gibt es noch die Seltenbachschlucht. Sie zählt zu den 100 schönsten Biotopen Bayerns und führt Sie durch rund 250 Millionen Jahre Erdgeschichte.

Der rötliche Buntsandstein ist typisch für Spessart und Odenwald. Er erzählt, wie sich hier vor Jahrmillionen Sand und Geröll türmten, bis sie sich irgendwann verfestigten. In diesem Gestein bahnten sich die Flüsse der Eiszeit ihren Weg und ließen unter anderem die Seltenbachschlucht entstehen. Am Eingang der Schlucht können Sie die Klingenberger Eiskeller bestaunen. Sie sind bis zu 40 Meter lang und wurden in den Sandstein geschlagen, um Bier und andere Lebensmittel zu lagern bzw. ganzjährig kühlen zu können. Der Weg durch die Schlucht ist etwa einen Kilometer lang. Genießen Sie die Natur und das, was normalerweise unter der Erde verborgen liegt: Denn hier können Sie die einzelnen in verschiedenen Farben schillernden Schichten aus Buntsandstein, die über die Zeit entstanden sind, genau erkennen und in Ruhe aus der Nähe betrachten. Im Zickzack laufen Sie teils über Brücken, teils über Steine, und mit ein wenig Glück lassen sich sogar Molche oder Feuersalamander beobachten. Vor allem bei regnerischem Wetter oder während der Laichzeit im Frühling stehen die Chancen dafür gut, wenn die Weibchen die Larven im Bach ablegen. Am Ende der Schlucht erreichen Sie den Arme-Sünder-Weg, ein Pfad, der zum Klingenberger Galgen führt, der noch bis 1803 in Gebrauch war. Zudem befindet sich dort ein altes Tonbergwerk. Der Ton ist vor ca. 30 Millionen Jahren entstanden und in Klingenberg aufgrund der Lage besonders gut erhalten geblieben. Er wurde als dunkles Gold bezeichnet und ist der Grund für den großen Wohlstand der Stadt Klingenberg im 19. und angehenden 20. Jahrhundert, sodass unter anderem die Mainbrücke gebaut werden konnte. Seit 2011 ist das Bergwerk geschlossen, und Besucher erlangen in der Seltenbachschlucht einzigartige Einblicke!

Seltenbachschlucht · Jederzeit öffentlich zugänglich · 63911 Klingenberg · www.stadt-klingenberg.de · Haltestelle: Klingenberg (Main)

88 EINE PYRAMIDE IM RHEIN-MAIN-GEBIET

Auf halbem Weg von Gut Neuhof bis nach Dreieichenhain gibt es einen Hügel. Dieser ist schon lange als Aussichtspunkt bekannt. Er bietet einen herrlichen Blick auf Frankfurt und die Skyline. Seit dem Jahr 2000 wartet hier jedoch noch ein ganz besonderes Kunstwerk.

Die Stangenpyramide ist ein begehbares Kunstwerk mitten in einem Feld in Dreieich. Und als solches ist es eine Mischung aus Landschaftskunst und Aussichtspunkt. Mehr als 456 Rundhölzer mit 24 Zentimetern Durchmesser wurden auf einer Fläche von 18 mal 24 Metern verleimt. Die kleinsten am Rand sind kaum größer als einen halben Meter. Die höchsten hingegen messen sechs Meter. Mit der Konstruktion wird Bezug auf den Antennenwald der Deutschen Flugsicherung direkt gegenüber der Stangenpyramide genommen.

Zwischen den Rundhölzern wurde jeweils genug Platz gelassen, um hindurchlaufen zu können. Zwei Jahre hat es gedauert, die Konstruktion zu erschaffen. Wenn Sie rundherumlaufen, können Sie je nach Standort entweder durch die Stangen hindurchblicken oder alles sieht fast wie ein Festkörper aus. Bei der frontalen Ansicht – die Sichtachse folgt nahezu der Nord-Süd-Richtung – erkennen Sie, dass mittig eine Art Gang gelassen wurde. Auf der gegenüberliegenden Seite der Pyramide steht ein Geländer, das einen perfekten Rahmen für die Skyline aus dem markanten Messeturm & Co. schafft. Sie müssen nur in die Hocke gehen und einen Blick auf dieses eingerahmte Bild werfen. Aber auch im Stehen können Sie die Skyline durch den Gang betrachten und sehen den Taunus im Hintergrund. Die Stangenpyramide wurde vom Regionalpark Rhein-Main installiert und ist fast schon ein Sinnbild desgleichen. Denn das Kunstwerk steht als gewaltiges Monument inmitten der Natur.

Kamera nicht vergessen! Das ist ein ganz besonderes Motiv, und vor allem zum Sonnenuntergang ergeben sich fantastische Gelegenheiten für Fotos.

Stangenpyramide · Jederzeit öffentlich zugänglich · Auf der Hub · 63303 Dreieich · www.regionalpark-rheinmain.de · Haltestelle: Dreieich-Weibelfeld

89 EIN WEIHER ALS NATURDENKMAL

Naturliebhaber und Fotografen lieben ihn gleichermaßen: den Meerpfuhl. Der 1,6 Hektar große, künstlich angelegte Weiher liegt zwischen Altweilnau und Usingen-Merzhausen und wurde ursprünglich als Wasserreservoir für die Mühlen geschaffen.

Der Meerpfuhl ist ein einzigartiger Naturraum, der als Kulturdenkmal unter Denkmalschutz steht. Wann genau der Weiher geschaffen wurde, ist nicht bekannt. Das erste Mal erwähnt wurde er bereits 1550 als »weier im gern« und knapp drei Jahrzehnte später als »Egerpfuhl«. Beide Begriffe beziehen sich darauf, dass er Teil eines Feuchtgebiets ist. Das Gewässer nimmt noch heute durch seine Lage am Hang regelmäßig Erde auf und droht, immer weiter zu versumpfen. Deswegen wurde 2016 und 2017 eine umfassende Sanierung vorgenommen, bei der 1000 Tonnen Schlamm ausgebaggert wurden. Im und um den Meerpfuhl gibt es eine einzigartige Fauna und Flora, die es zu schützen gilt. Leider hat die Vielfalt durch einen Gifteintrag Ende der 1970er-Jahre gelitten und sich nicht komplett erholt. Damals wollte man die Verkrautung des Weihers verringern. Das Problem, dass sich krautige Unterwasserpflanzen so stark verbreiten, dass Fischerei nicht mehr möglich ist, haben in erster Linie besonders flache Seen. Es tritt auf, wenn viel Licht auf den Boden des Sees dringt und so das Wachstum von Pflanzen gefördert wird. Bei dem Versuch, diese Unterwasserpflanzen zu entfernen oder zumindest zu verringern, schadete man jedoch dem Weiher nachhaltig. Nichtsdestotrotz ist der Meerpfuhl die Heimat von verschiedenen seltenen Tier- und Pflanzenarten. Dazu gehören unter anderem zahlreiche Schmetterlingsarten, der Schwarzstorch und Feuersalamander. Unter den Pflanzenarten sind vor allem Knabenkraut und Schlüsselblumen erwähnenswert. Der Meerpfuhl ist außerdem die Quelle für den gleichnamigen Bach, der in geschwungener Form durch den Wald fließt.

Am frühen Morgen, wenn der Nebel über den Weiher wabert, ist die Stimmung mit Abstand am schönsten!

Meerpfuhl · 61250 Usingen-Merzhausen · www.taunus.info ·
Haltestelle: Usingen-Merzhausen Weilstraße

90 AUF VOGELSCHAU IN DEN SÜMPFEN

Im Herzen der Wetterau erstreckt sich das Bingenheimer Ried, ein sumpfiges Areal, das eines der wichtigsten Naturschutzgebiete in Hessen birgt. Es dient vielen Vogelarten als Ort zum Rasten, Brüten oder gar zum Überwintern. Auch andere Tiere wie Amphibien, Insekten und einige Säugetiere sind hier heimisch.

Das Bingenheimer Ried wird bereits seit Hunderten von Jahren als Weidefläche genutzt. Seit jeher erstreckte sich hier ein Sumpfland, das nur zwei Übergänge hatte, weswegen die Menschen vermieden, es zu überqueren. Bereits im Mittelalter wurde es namentlich erwähnt. Da es die Heimat einiger seltener Vogelarten ist, wurde es 1985 als Naturschutzgebiet ausgewiesen und ist das Herzstück des Auenverbundes Wetterau. Unter den schützenswerten Arten sind zum Beispiel das Zwergsumpfhuhn, die Knäkente und der

Grünschenkel. Auch Amphibien wie die Knoblauchkröte und der Kammmolch fühlen sich hier wohl. Mitunter lassen sich auch Rehe und Nutrias hier beobachten. Das Gebiet wird seit 1998 durch Rinder beweidet. Früher wurden die Flächen gemäht, doch die manuelle Arbeit wurde auf Dauer zu teuer. Mittlerweile wurde die Weidefläche erweitert und eine Schutzhütte für die Rinder gebaut. In der Brutzeit ist die Kernfläche des Bingenheimer Rieds zwar abgesperrt, aber außerhalb dieser Wochen weiden die Rinder im gesamten Gebiet, auch in den nassen Flächen. Anfang der 1990er-Jahre wurde ein Stauwehr eingerichtet, um Überflutungen zu kontrollieren. Kurze Zeit später kam ein Aussichtsturm hinzu, sodass Vogelforscher und Interessierte die Tiere ohne Störung in ihrer natürlichen Umgebung beobachten, studieren und fotografieren können. Das Betreten des Rieds selbst ist nicht erlaubt. Aber es führt ein ca. 5,6 Kilometer langer Wanderweg rundherum. Ausgeschilderte Parkplätze gibt es in Bingenheim, Reichelsheim, Heuchelheim und Gettenau.

Ans Fernglas denken!
Wenn Sie vom Aussichtsturm Tiere beobachten möchten, ist es eine große Hilfe.

Bingenheimer Ried · Jederzeit öffentlich zugänglich · 61209 Echzell · www.bingenheimer-ried.de · Haltestelle: Gettenau-Bingenheim

91 BEI DER SAGENUMWOBENEN »WILDEN ELSE«

Imposant türmen sich die Felsklippen fast senkrecht gen Himmel. Der Bilstein ist ein besonderer Ort und beliebt als Aussichtspunkt. Außerdem soll an diesem erdgeschichtlich interessanten Ort die sogenannte Wilde Else ihr Unwesen getrieben haben.

Der Bilstein liegt mitten im größten Vulkangebiet Mitteleuropas, dem Vogelsberg. Vor rund 15 Millionen Jahren entstand aus zahlreichen Spaltenergüssen und Einzeleruptionen eine etwa 2500 Quadratkilometer große Fläche aus brodelnden Kegeln und speienden Schloten mit glühender Lava. Zu dieser Zeit formten sich auch die beeindruckenden Klippen des Bilsteins durch heißes Magma, das durch die Kraft der Erosion an die Oberfläche befördert wurde. Das Gestein gibt daher einen selten gewährten Einblick in die Zusammensetzung des Erdmantels, der sich normalerweise in 30 bis 35 Kilometern Tiefe verbirgt. Wer heute auf dem Felsen steht und das Glück hat, die gesamte Wetterau zu überblicken und gleichzeitig bis in den Odenwald, den Taunus, in die Pfalz und den Westerwald schauen zu können, kann sich dieses Szenario kaum mehr vorstellen. Natürlich ist ein solcher Ort auch von Sagen umwoben. Man erzählt sich, dass unterhalb des Bilsteins eine alte Frau in einer Felsspalte oder Höhle gelebt haben soll. Sie ist als »Wilde Frau« oder »Wilde Else« bekannt. Eines Tages soll ein Held auf den Bilstein geritten sein. Als eine gebrechliche Frau ihn bat, sie mit ins Tal zu nehmen, ignorierte er sie. Die Wilde Else sprang hinter ihm aufs Pferd und trieb es auf den höchsten Felsen, von wo sie Ritter und Ross in die Tiefe stürzen ließ. Aus Furcht vor der Wilden Else zogen Hirten daher weiter und hüteten ihre Herde lieber andernorts. Wenn Sie den Bilstein selbst erleben möchten, können Sie entweder vom Segelflugplatz in 15 bis 20 Minuten zum Felsen wandern oder ihn ab Busenborn über einen steilen Pfad erreichen. Wenn Sie eine ambitioniertere Wanderung unternehmen möchten, können Sie den 14 Kilometer langen Premiumwanderweg GipfelTour Schotten begehen.

Bilstein · Jederzeit öffentlich zugänglich · Waldstraße · 63679 Schotten · www.geopark-vogelsberg.de · Haltestelle: Schotten-Breungeshain Hoherodskopf

RUNDUMBLICK HOCH ÜBER HOFHEIM

92

173 Stufen führen auf den 32 Meter hohen Meisterturm auf dem Hofheimer Kapellenberg. Oben angekommen, genießen Sie einen herrlichen Rundumblick über das Lorsbachtal zum Taunus, in die Mainebene und nach Frankfurt. Wer einen besonders klaren Tag erwischt, kann sogar bis in den Odenwald schauen.

Ursprünglich wurde er 1895 als 24 Meter hohe Holzkonstruktion vom Hofheimer Taunusklub-Verschönerungsverein errichtet. Er liegt idyllisch im Wald auf 292 Metern Höhe auf dem Hausberg der Stadt. Direkt daneben wurde eine Schutzhütte gebaut, die an den Wochenenden sowie Feiertagen bewirtschaftet wurde. Der Meisterturm wurde dann jedoch während des Ersten Weltkriegs nicht so gepflegt, wie es nötig gewesen wäre, sodass er verfiel. Dann schlug der Blitz ein, sodass er 1920 abgerissen werden musste. Ein neuer Turm musste her. Er wurde einige Jahre später geplant, sodass der stählerne Neubau mit viereckigem Grundriss von acht mal acht Metern Ende 1929 eröffnet werden konnte. Der neue Turm hat eine Wendeltreppe mit vier Zwischenpodesten und ist acht Meter höher als der alte. Dennoch ragt er heute nur noch wenige Meter über die Wipfel der umliegenden Bäume hinaus. Oben lädt eine Bank dazu ein, den Rundumblick nach allen vier Seiten zu genießen. Mit Fernrohren lässt sich für einen Euro die Umgebung näher heranholen. Durch seine Mischung aus Aussichtsplattform mit atemberaubendem Panorama in der Höhe und dem gleichnamigen Restaurant mit guter deutscher Küche am Boden ist er als Ausflugsziel beliebt. Auf dem Weg zum Meisterturm kommen Sie an der Hofheimer Bergkapelle vorbei, die ein weiteres Highlight des Hofheimer Stadtwaldes ist. Sie wurde mit der Hoffnung auf eine Verschonung vor der Pest 1666 gebaut. An Kapelle und Turm führen ein historischer Rundweg und mehrere andere Wanderwege entlang.

Vor allem zum Sonnenuntergang ist der Meisterturm ein wahres Must See! Wie die Sonne hinter den Bäumen verschwindet, ist ein unvergesslicher Anblick.

Meisterturm · Meisterturm 1 · 65719 Hofheim · www.meisterturm.de · Haltestelle: Hofheim Kapellenstraße

93 AUF BOTANISCHER WELTREISE

36 kleine Wälder, Streuobst- und Blumenwiesen, ein Feuchtbiotop und ein Gesteinslehrpfad warten im Arboretum Main-Taunus auf die Besucher. Die rund 76 Hektar große Fläche (das entspricht mehr als 100 Fußballfeldern) führt Sie auf zahlreichen Pfaden und Wegen durch die Flora der nördlichen Welthalbkugel.

Das Gelände des Arboretums Main-Taunus war von 1937 bis 1945 ein Fliegerhorst der deutschen Luftwaffe. Nach dem Krieg wurde er weiter als Flugplatz genutzt, bis der Frankfurter Flughafen wieder in Betrieb genommen wurde. Nachdem das Areal dann einige Jahre von der Bundesrepublik Deutschland verwaltet wurde, erwarb das Land Hessen das Grundstück, um es zu bepflanzen. Ein Arboretum zeigt in der Regel verschiedene Baumarten an einzelnen Exemplaren. Meist sind diese dann mit kleinen Infotafeln versehen, sodass Sie wissen, um welche Pflanze es sich handelt und wo diese vorkommt. Für das Arboretum Main-Taunus wurde ein anderer Ansatz gewählt. Hier werden ganze Regionen in Pflanzengruppen gezeigt. Sie können also durch die Flora der Rocky Mountains wandeln, einen Nadelwald bewundern, wie er auf der japanischen Insel Hokkaido wächst, oder einen Wald der Mandschurei erleben. Es gibt Mammutbäume, die massereichste Baumart der Welt, sowie Grannenkiefern – mit 5000 Jahren die Baumart mit der höchsten Lebenserwartung. Bei der Auswahl der Pflanzen wurde darauf geachtet, dass sie mit dem hiesigen Klima zurechtkommen. Sie müssen sich der Kälte im Winter oder starkem Regen anpassen können. Deswegen sind fast alle Bäume ansonsten auf der Nordhalbkugel heimisch. Nur drei stachelige Chilenische Araukarien sind eigentlich auf der Südhalbkugel zu Hause. Ein Kastanienbaum des Arboretums ist eine Besonderheit. Er wurde aus einer Kastanie gepflanzt, die aus einem Park in der Ukraine stammt, in dem sich früher ein Lager für deutsche Kriegsgefangene befand. Friedlich steht der Baum nun neben anderen Bäumen aus aller Welt und soll ein Symbol dafür sein, dass Feindschaft überwunden werden kann. Er wird Friedensbaum genannt.

Arboretum Main-Taunus · Am Weißen Stein · 65824 Schwalbach · www.hessen-forst.de · Haltestelle: Eschborn Camp Phönix

FRIEDENSBAUM

SPAZIERGANG IM BLÜTENHAIN

94

Der Park Schöntal ist eine historische Parkanlage im Herzen von Aschaffenburg. Bereits im 15. Jahrhundert angelegt und um 1780 zu einem englischen Garten umgestaltet, ist er das ganze Jahr über ein herrlicher Ort für entspannende Spaziergänge. Im April jedoch verwandelt sich ein Abschnitt des Parks in ein wunderbares Blütenmeer. Denn hier wurde vor über 75 Jahren ein Magnolienhain angelegt, der mit seinen mehr als 40 Bäumen der größte Bayerns und einer der größten in Deutschland ist. Dann erstrahlt alles für rund zwei Wochen in einer weiß-rosafarbenen Blütenpracht. Danach ist das Spektakel der Frühblüher vorbei, und die Vorfreude beginnt. Denn im Folgejahr entfalten sich die Blüten erneut und läuten den Frühling ein.

Magnolienhain · Würzburger Str. 20 · 63739 Aschaffenburg · www.aschaffenburg.de · Haltestelle: Aschaffenburg Freihofsplatz oder Hofgartenstraße

ERLEBNISTOUR IM BINGER WALD

95

Im Binger Wald erwartet Sie eine Wanderung für alle Sinne. Ein Erlebnispfad verläuft über rund fünf Kilometer als Rundweg durch einen hochgewachsenen Buchen- und Mischwald. Der Pfad lädt dazu ein, die Natur zu erleben, zu erforschen und auf sich wirken zu lassen. Dafür geben Infotafeln am Wegesrand Hinweise und Hilfestellungen. Entlang der Strecke kreuzen Sie eine alte Römerstraße, kommen an einer *villa rustica* vorbei und können sich an einer mehrere Meter langen Holzmurmelbahn versuchen. In diesen Wanderweg eingebunden ist auch eine Hängebrücke, die über den Kreuzbach führt. Er ist die Heimat von Feuersalamandern, Lurchen und anderen Lebewesen, die sich tagsüber zwischen Wurzeln und Steinen verstecken, während Sie des Nachts herauskommen, um auf die Jagd zu gehen.

Binger Wald Hängebrücke · 55413 Weiler bei Bingen · www.erlebnispfad-bingen.de

96 EIN HAUCH AFRIKA IN DER GROSSSTADT

Eigentlich ist er ein Relikt der letzten Eiszeit. Das sogenannte Naturschutzgebiet Großer Sand – oder schlicht auch Mainzer Sand – ist ein in Deutschland einzigartiges Gelände, das Sie von der Großstadt Mainz mitten in die afrikanische Steppe zu entführen scheint.

Mit 127 Hektar ist der Mainzer Sand ein verhältnismäßig kleines Naturschutzgebiet. Dafür aber ein ganz besonderes! Denn die Landschaft hier ist einmalig und raubt einem den Atem, wenn man sie zum ersten Mal erlebt. Der Mainzer Sand ist vor rund 18 000 Jahren während der letzten Eiszeit entstanden. Der Rhein führte zu dieser Zeit nicht viel Wasser, sondern war zum Großteil vereist. In den kurzen Wochen des Hochsommers wurde von den Rheinauen Sand angeweht, der sich zu Dünen ansammelte, die bis zu zehn Meter hoch wurden. Vor etwa 11 000 Jahren fand die Eiszeit ihr Ende, und

die Eismassen bildeten sich zurück. Es entstand eine Vegetation ohne Bäume, die sich am besten mit der Tundra vergleichen lässt. Dann wurde es immer wärmer, und die Umgebung wurde nach und nach zu einer Art Steppe, in der auch Sandpflanzen zu wachsen begannen. Ursprünglich reichte dieses Dünengebiet von Ingelheim über Mainz und Frankfurt bis nach Heidelberg. Es verkleinerte sich immer weiter, bis irgendwann nur noch das Gebiet des heutigen Mainzer Sandes übrig war. Dort herrscht bis heute ein besonderes Mikroklima, das viel wärmer und trockener ist als außerhalb des Dünenareals. Aus diesem Grund lassen sich in dem kleinen Gebiet seltene Pflanzen wie Frühlings-Adonisröschen entdecken und teilweise vom Aussterben bedrohte Tiere beobachten, die es sonst in Deutschland nicht mehr gibt. Durch die Landschaft schlängeln sich Wege aus Sand, die dazu einladen, den Informationspfad zu begehen und mehr über dieses bedeutende Naturreservat zu erfahren. Rechts und links des zwei Kilometer langen Rundwegs ragen hohe Gräser auf und tragen dazu bei, dass man eher das Gefühl hat, durch die afrikanische Steppe zu laufen, als durch ein Naturschutzgebiet zwischen den Mainzer Stadtteilen Gonsenheim und Mombach.

Mainzer Sand · 55120 Mainz · www.mainzer-sand.de ·
Haltestelle: An der Krimm

TEMPEL MIT ERHABENEM AUSBLICK

97

Auf einem Felsvorsprung über Eppstein thront stolz der Kaisertempel. Am Westhang des Berges Staufen gelegen, ist das klassizistische Gebäude vom Tal aus gut sichtbar. Er ist in erster Linie ein Baudenkmal, aber auch ein herrlicher Aussichtspunkt im Vordertaunus – vor allem in den Abendstunden zum Sonnenuntergang.

Der Kaisertempel wurde im Jahr 1894 als Siegesdenkmal eingeweiht. Seinen Namen erhielt er als Erinnerung an den Deutsch-Französischen Krieg und die darauf folgende Gründung des Deutschen Kaiserreichs. Daher wurde als Tag der Einweihung auch der Jahrestag der Schlacht von Sedan gewählt – ebenjener Schlacht, die den Ausgang des Krieges entschied. Seine Form ist die eines Pronaos, der Vorhalle eines Tempels der griechischen Antike, oder eines dorischen Antentempels mit einer Fläche von 7,40 Meter auf 2,20 Meter. Die im Tal sichtbare Vorderseite des Tempels hat vier Säulen, von denen jede knapp vier Meter hoch ist. Im Innern finden Sie Porträtreliefs der beiden ersten deutschen Kaiser: Wilhelm I. und Friedrich III. Außerdem gibt es Büsten von Reichskanzler Otto von Bismarck und Generalfeldmarschall Helmut von Moltke. Von Eppstein führt eine einspurige Straße hinauf. Die Parkplätze sind den Gästen des gleichnamigen Restaurants direkt neben dem Tempel vorbehalten. Wenn Sie also mit Blick auf Eppstein, seine imposante Burg und den Tempel zu Abend essen möchten, sollten Sie Ihren Besuch entsprechend planen. Das Gasthaus besteht seit dem Jahr 1900 – erst als Ziel für Ausflügler, mittlerweile aber durchaus mit gehobener Küche. Am Kaisertempel starten einige Wanderwege oder führen an ihm entlang. So können Sie zum Beispiel von hier zum Großen Mannstein genau auf der anderen Seite des Staufens gelangen. Auch der Schinderhannessteig, ein rund 40 Kilometer langer Wanderweg, verläuft entlang des Kaisertempels.

> Um romantisch den Sonnenuntergang zu erleben, sollten Sie sich neben dem Kaisertempel auf die Felsen begeben. Dort haben Sie mehr Platz als am Tempel.

Kaisertempel · Gimbacher Str. 13 · 65817 Eppstein · www.kaisertempel.de · Haltestelle: S Eppstein

98 HIER WURDE EINST VOLLGAS GEGEBEN!

Auf einem Gelände am Schönauer Hof rund zwei Kilometer südlich von Rüsselsheim wurde früher so richtig aufs Gas getreten. Hier befand sich nämlich ab 1919 eine Test- und Rennstrecke der Adam Opel AG. 1946 wurde sie zwar stillgelegt, aber nie abgerissen.

Die Opel-Rennbahn war in den 1920er-Jahren als die schnellste Rennstrecke Europas bekannt. Sie war die erste ovalförmige Strecke des Kontinents. Mit einer Breite von zwölf Metern und den hohen Steilwandkurven waren Durchschnittsgeschwindigkeiten von bis zu 140 km/h möglich. An den Wochenenden fanden auch Rennen statt – für Fahrräder, Motorräder und Autos –, die von bis zu 50 000 Besuchern live vor Ort verfolgt und bejubelt wurden. Nach der Eröffnung des Nürburg- und des Hockenheimrings wurde die Opel-Rennbahn jedoch immer weniger für Rennen genutzt. Aber der vielleicht wichtigere Zweck der Strecke war es, neu entwickelte Fahrzeuge zu testen. Dies geschah bis zur Errichtung der Rennbahn auf einer Einfahrbahn auf dem Werksgelände und vor allem auf öffentlichen Straßen, weil die Fahrzeuge zu schnell für die kleine Fahrbahn wurden. Das wiederum führte zu zahlreichen Beschwerden über Raserei und Lärm seitens der Bevölkerung. Der Großherzog sprach ein Machtwort, und die Rennbahn wurde gebaut. Das war auch gut so, denn spätestens die Tests mit dem Raketenauto »Rak 1« hätten nicht mehr in der Öffentlichkeit durchgeführt werden können. Obwohl die Anlage 1946 stillgelegt wurde, wurde sie nie abgerissen. Heute ist sie stark zugewachsen. An einigen Stellen wurden Löcher in den Asphalt gehauen und Bäume gepflanzt. Die Zielgerade ist nicht mehr vollständig, da dort die Landesstraße ausgebaut wurde. Dennoch kann man einen Großteil der Fahrbahn ausmachen und auf den Steilwandkurven entlanglaufen. An der Nordkurve wurde 2013 eine Besucherplattform eingerichtet, an der Sie sich über die Geschichte der Rennbahn, die Tests und das Raketenauto informieren können. In jedem Fall ist es ein schöner Spaziergang, bei dem Sie etwas über die Vergangenheit von Rüsselsheim erfahren können.

Alte Opel-Rennstrecke · 65428 Rüsselsheim am Main · www.main-ruesselsheim.de

OPEL

DER HINTERTAUNUS ZU IHREN FÜSSEN

99

Ein wenig im Wald versteckt ragt der Große Zacken auf. Er befindet sich auf dem 700 Meter hohen Weilsberg, der vierthöchsten Erhebung im Taunus, die sogar bis in die 1970er-Jahre eine Skisprungschanze beheimatete. Hier, bei Niederreifenberg, zeigt der Taunus, dass er mehr kann als nur Wald und Hügelland.

Mächtig und rau liegt der Schieferfelsen Großer Zacken auf 640 Metern Höhe in den Wäldern des Hintertaunus. Man versteht sofort, woher sein Name rührt: Er sieht aus wie Zacken, die einfach aus dem Boden gewachsen sind. Er überblickt das Emsbachtal mit dem Glashüttener Stadtteil Oberems und eröffnet ein herrliches Panorama. Vor allem zum Sonnenuntergang wird es hier romantisch – der perfekte Ort für Fotos! Der Felsen wird offiziell auch als Kletterfelsen genutzt. Dort warten insgesamt 13 Kletterrouten mit Schwierigkeitsstufen zwischen 3 und 6 bei einer maximalen Höhe von 15 Metern. Aber der Zacken ist nicht nur für Kletterfreunde ein herrliches Ausflugsziel. Auch Wanderer kommen voll auf ihre Kosten. Der Zacken-Beilstein-Steig zum Beispiel lockt mit nur vier Kilometern Länge in die wohl gebirgigste Ecke des Taunus. Folgen Sie dafür einfach dem Wegweiser mit dem Roten Milan. Sie marschieren dabei über kleine, verschlungene Pfade durch den Wald, bis Sie den imposanten und magischen Zacken erreichen. Der höchste Felsen des Zacken hat übrigens einen interessanten Namen: man nennt ihn Lümmelfelsen. Dann gelangen Sie zum Beilstein, der ebenfalls ein Schieferfelsen ist, auf dem geklettert werden darf. Sein Name kommt vermutlich daher, dass der Felsen an ein Beil erinnert. Die kurze Runde ist perfekt, wenn Sie einfach kurz rauskommen möchten, oder wenn Sie mit der Familie unterwegs sind. Wenn es ein bisschen mehr sein darf, können Sie auch die 16,7 Kilometer lange Seelenrunde im Zeichen des Fuchses machen.

Wenn Sie den Zacken im Fernsehen erleben möchten, sollten Sie die Doppelfolge »Im Wald« der Taunuskrimis sehen. Sie wurde unter anderem hier gedreht.

Großer Zacken · 61479 Glashütten · www.taunus.info · Haltestelle: Bus Schmitten-Niederreifenberg Rotes Kreuz

100 FELSWAND ZWISCHEN SANFTEN HÜGELN

Die Eschbacher Klippen sind zwölf Meter hohe Felsen aus Quarzgestein, die am Rand des Usinger Stadtteils Eschbach aufragen. Sie eignen sich gut als Klettergelände für Einsteiger und sind einfach ein schönes Ausflugsziel im Naturpark Taunus.

Idyllische Wälder und Landschaften mit sanften Hügeln prägen das typische Bild im Taunus. Aber bekanntermaßen bestätigen Ausnahmen ja die Regel. Eine von ihnen können Sie in Usingen bestaunen. Die frei stehenden Felsen des Buchsteins, allgemein besser bekannt als die Eschbacher Klippen, stehen im starken Kontrast zum Rest der Umgebung. Sie sind der sichtbare Teil des sogenannten Usinger Quarzganges, dem bedeutendsten Quarzgang des Hochtaunuskreises. Dieser hat eine Länge von sechs Kilometern, führt quer durch das Usatal von Eschbach zum Wormstein und ist vor ca. 270 Millionen Jahren als Querverwerfung bei der Auffaltung des Gebirges entstanden. An den meisten Stellen wurde der Quarz, so widerständig er auch ist, im Lauf der Zeit abgetragen. Nicht so an den Eschbacher Klippen. Stolz und mächtig, aber auch bizarr stehen sie auf einer Wiese und ragen bis zu zwölf Meter in die Luft. Sie scheinen wie aus dem Nichts aus dem Boden zu wachsen. Besucher können die Felsen umrunden, aber auch – auf eigene Verantwortung – besteigen. Die Felsen und vor allem die Südwand der Klippen sind sehr beliebt bei Kletterern. Haken sind bereits in die Felsen geschlagen, sodass 30 verschiedene Routen geklettert werden können. Auch geführte Touren mit Schwierigkeitsgraden zwischen I und VII sind möglich. Da die Spalten in den Felsen recht breit sind, können Sie sich auch im Freeclimbing üben. Auf der anderen Seite der Kreisstraße liegt etwas versteckt im Wald der Schwesterfelsen der Eschbacher Klippen namens Saienstein.

Bleiben Sie doch eine Nacht und tauchen Sie richtig in die Natur ein: Der Waldzeltplatz Eschbach liegt direkt an einem Weiher und lädt zum Entspannen ein.

Eschbacher Klippen · Maibacher Weg 32 · 61250 Usingen · www.taunus.info · Haltestelle: Bus Usingen

Impressum

Verantwortlich: Claudia Hohdorf
Satz, Redaktion und Layout: Ewald Tange, tangemedia
Korrektorat: Pamela Scholz
Repro: LUDWIG:media
Umschlaggestaltung: Nina Andritzky
Kartografie: Kartographie Huber, Heike Block
Herstellung: Alexander Knoll
Printed in Poland by CGS Printing

★★★★★

Sind Sie mit diesem Titel zufrieden? Dann würden wir uns über Ihre Weiterempfehlung freuen. Erzählen Sie es im Freundeskreis, berichten Sie Ihrem Buchhändler, oder bewerten Sie bei Onlinekauf. Und wenn Sie Kritik, Korrekturen Aktualisierungen haben, freuen wir uns über Ihre Nachricht an Bruckmann Verlag, Postfach 40 02 09, D-80702 München oder per E-Mail an lektorat@verlagshaus.de.

Unser komplettes Programm finden Sie unter www.bruckmann.de

Bildnachweis: Alle Bilder des Umschlags und des Innenteils stammen von Barbara Riedel, außer: Alexandra Sefrin: 3, 138; Linda Trabold, Churfranken e.V.: 5, 24/25; Stephan Dinges: 30o, 30u; Kur und Freizeit GmbH: 55o; Jan Wehnert: 115; Staatliche Schlösser und Gärten Hessen/Barbara Riedel: 121, 127; Kongress- u. Touristikbetriebe Aschaffenburg, Waltraud Gulder: 180o, 180u
Umschlagvorderseite: Die historische Nerobergbahn in Wiesbaden (Adobe Stock/mojolo)
Umschlagrückseite: In der Sundowner Lounge & Beach Bar am Schlosshotel Rettershof nördlich von Kelkheim

Die Deutsche Nationalbibliothek verzeichnet diese Publikation in der Deutschen Nationalbibliografie; detaillierte bibliografische Daten sind im Internet über http://dnb.d-nb.de abrufbar.

1. Auflage 2023

ISBN 978-3-7343-2553-3